叢書　文化の伝承と創造　3

子どもの替え唄と戦争

―笠木透のラスト・メッセージ―

鵜野祐介
Yusuke Uno

編集・発行：子どもの文化研究所

朕《ちん》思わず屁をたれた
汝《なんじ》 臣民くさかろう
国家のためだ
我慢しろ
御名御璽《ぎょめいぎょじ》

「教育勅語」――「朕《ちん》惟《おも》フニ我カ皇祖《こうそ》皇宗《こうそう》（中略）爾臣民《なんじしんみん》父母ニ孝ニ（中略）御名御璽」

プロローグ

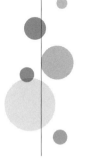

二〇一四年八月、子どもの文化研究所発行の月刊誌『子どもの文化』二〇一四年7＋8月号の特集「うたと語りと声」に、「『戦時下の子どもがうたった歌』―『海にカバ　山にカバ』」と題する論考が掲載された。執筆者の笠木透さんは、一九六九年に開催された「中津川フォーク・ジャンボリー」の企画者であり、「フィールド・フォーク」を提唱し四〇年以上にわたって活躍してきたフォークシンガーであるが、二〇一四年一二月、直腸がんのため七七歳で亡くなられた。

筆者は、笠木さんが一九九五年に刊行されたCDブックス『昨日生れたブタの子が　戦争中の子どものうた』に衝撃を受け、『子どもの文化』の特集企画に関わった際、笠木さんに「子どもの替え唄」について書いていただくことを編集会議で提案した。同年四月、出版社を通して執筆依頼をしたところ、笠木さんはがんの手術直後にもかかわらずご快諾くださった。そうして届いた原稿は、一九三七年生まれのご自身の体験を交えながら綴られた、ユーモアあふれる軽やかさと、当時の子どもの立場から大人社会を告発し平和を希求するずっしりとした重さを兼ね備える論考だった（本書に《付録》として収載）。

刊行後、お礼の電話を入れたところ、「十分な時間が取れず書き散らしたような文章になった」とお詫びされるとともに、替え唄に関して集めた資料を未整理のままお持ちである旨、話された。そこで、ご自宅にお邪魔して資料を拝見したいとお願いし訪問日を設定していただいた。ところが約束の日の一〇日ほど前、体調不良を理由にキャンセルの申し出があり、心配していたさなかに他界された。翌二〇一五年三月ご自宅を訪ね、由紀子夫人と笠木さんの長年の音楽仲間である増田康記さんにお会いして、笠木さんの替え唄研究資料とようやく対面した。そしてこの膨大な資料をお預かりした。

本書は、笠木さんが遺された替え唄に関する資料に筆者自身が集めたものを加えて紹介する「第一部　テキスト篇」と、三つの角度から笠木さんの替え唄研究の持つ意味に迫る「第二部　研究篇」、そして前述した笠木さんの二〇一四年の論考（《付録》）からなる。笠木さんが問い続けた、戦時下を生きた子どもたちにとって替え唄を歌うことの意味とは何だったのか、ひいては、人はなぜうたを歌うのかというテーマに迫ってみたい（以下敬称略）。

はじめに、替え唄に関する先行研究を概観しておこう。まず有馬敲による三著、『替歌《（ママ）》研究』（二〇〇〇）、『替歌・戯歌研究』（二〇〇三）、『時代を生きる替歌・考』（二〇〇三）が挙げられる。前二書は明治期から現代に至る子どもおよび大人が創作・伝承してきた替え唄を通時的かつ網羅的に紹介した資料集成であり、三番目の書はこれらの資料に基づいて「明治から現代にいたる替歌の流れと諸相を考現学的に解明」（254頁）したものである。日本の替え唄を研究する上でこれら三冊は必読の書と思われる。

時代順にみていくと、一九六〇年代から替え唄の収集に着手した有馬とほぼ同時期に、替え唄の持つサブカルチャーもしくはカウンターカルチャーとしての意義に注目したのが評論家の鶴見俊輔と紙芝居作家・評論家の加太こうじで、鶴見・加太他編『日本の大衆芸術　民衆の涙と笑い』（一九六二）

はこの主題に取り組んだ最も早い時期の論考と言える。加太はまた『軍歌と日本人』（一九六五）において、軍歌によるイデオロギー統制を図った為政者の意に抗ずるように厭戦・反戦の替え唄が歌われていたことに注目している。さらに、加太が柳田邦夫《ママ》・吉田智恵男とともに編集した『おとなの替歌《ママ》百年』（一九七一）は、「替歌の歴史をつづり、替歌にともなった民衆の歴史を回顧する」（3頁）もので、替え唄の風刺性が強調されている。一方、稲垣真美は、『もうひとつの反戦譜』（一九七六／一九九四）において「反戦替え歌と反戦の声などを一冊にまとめ」（11頁）、落書や替え唄の中にこそ「自然な、素朴な、止むにやまれぬ人間性にも裏づけられていたつよみがあった」（148頁）と結んでいる。

子どもの替え唄に特化したものでは、鳥越信『子どもの替え歌《ママ》傑作集』（一九九八）がある。全編子どもの替え唄が鳥越自身の回想や大学生へのアンケート結果なども交えた解説と共に、時代順かつジャンル別に紹介されている。その他、阪田寛夫『童謡でてこい』（一九八六）、川崎洋『日本の遊び歌』（一九九四）等の中にも、子どものうたの一ジャンルとして替え唄が取り上げられている。なお、『昨日生れたブタの子が』に紹介された替え唄も鳥越（一九九八）に収載されている。

さらに笠木が注目していたのが、自身と同世代の「少国民」体験を持つ作家たちの作品および評論である。特に山中恒『子どもが〈少国民〉といわれたころ』（一九八二）、同『ボクラ少国民と戦争応援歌』（一九八五／一九八九）、奥田継夫『ボクちゃんの戦場』（一九六九）、中沢啓治『はだしのゲン』（一九七三－一九八五）は、笠木の二〇一四年の論考末尾に参考文献として明記され、その中に登場する軍歌やその替え唄のいくつかは『昨日生れたブタの子が』の構想ノートにもメモ書きされている。それから笠木の死後、二〇一九年に出版された、テレビ番組「ウルトラ」シリーズの演出を手掛けた飯島敏宏の自伝的小説『ギブミー・チョコレート』にも戦中期の子どもたちが歌ったいくつかの替え唄が登場する。

ところで、一九七〇年代から九〇年代前半にかけて、子どもの文化研究の牽引者の一人であった藤本浩之輔は、替え唄を「子ども自身の文化」の一つとして位置づけている。「遊びの世界」（藤本編著『子どものコスモロジー　教育人類学と子ども文化』一九九六a所収）において藤本は次のように言う。「私は子どもも世代特有の文化の存在を考えているのであるが、子どもたちは生産をしたり、商業活動をしたり、研究をしたりして社会を支える役割をもっておらず、いわば遊ぶ存在であるから、子どもたちの文化は遊びの領域にある」（43頁）。その上で藤本は、子ども世代が主体的に維持し、伝承している遊び様式を「子ども自身の文化」と呼び、表現の形式を基準にして、①言語によって表現される文化（言語表現の文化）、②身体によって表現される文化（身体表現の文化）、③事物や生きものにかかわって表現される文化（事物表現の文化）に三分類し、それぞれをさらに小分類して、十一のジャンルに分けて具体的な遊び名を列挙している。その中で「かえ唄《ママ》」は、①「言語表現の文化」の項目「遊びの唄」の一つとして挙げられている（次頁の図表を参照）。

藤本は、替え唄をはじめとする遊びを「子ども自身の文化」という観点からとらえ直すことによって、子どもたちを文化創造の主体的存在として位置づけることの重要性を指摘する。子どもたちは、学校へ通うことなどを通して、社会の存続や発展のために必要なことを大人たちから学びとっていかねばならない。「しかし同時に、子どもたちが自分たち自身の文化を習得し、伝承していくことも、同じ程度に大事なことだ」（46頁）と藤本は言う。なぜなら、「遊び文化が豊かな場合と、そうではなく、絶えず供与され、指導されている場合と比較すれば、子どもたちの精神状況のありように大きな違い

(1) 言語によって表現される文化（言語表現の文化）	遊びの唄	まりつき唄、お手玉唄、縄とび唄、手合わせ唄、しりとり唄、動植物の唄、天体気象の唄、ゲームの唄（かごめかごめ、花いちもんめ等）、おにきめ唄、問答唄、かえ唄、悪口唄（からかい唄）。
	唱えことば	早口ことば、呪文、語呂合わせ、なぞなぞ、しりとり、数えことば、悪口ことば、じゃんけんことば、ゲーム開始、一時中止、ゲームから抜ける時のことば。
	語りもの	おばけ話、学校怪談、笑い話、とんち話。
	文字・絵の遊び	文字絵、一筆描き、じゃんけん描き、字かくし、字当て。
	命名法	遊び名称、人物名称、動物名称、植物名称、事物名称
(2) 身体によって表現される文化（身体表現の文化）	手わざの遊び	手かげ絵、指あそび、指ずもう、腕ずもう、あやとり、手合わせ、指きり、指笛、じゃんけん、おなべく、クチンクチン、おふろ、手たたき、しっぺい、いちがさした、かこもこ（柳田）
	演技の遊び	ごっこ遊びの類（ままごと、お店ごっこ、学校ごっこ、電車ごっこ、お医者さんごっこ、人形ごっこ、プロレスごっこ、戦争ごっこ、お母さんごっこ）。
	運動の遊び（ルールを伴う）	おにごっこ、かくれんぼ、かんけり、駆逐水雷、天下町人、ワンバン野球（三角ベース）、探偵ごっこ、Sけん（けんけんずもう）、陣とり、さざえさん、石けり（けんぱ）。
(3) 事物や生き物にかかわって表現される文化（事物表現の文化）	道具や玩具を使う遊び	たこあげ、こままわし、輪まわし、日月ボール（拳玉）、ビー玉、めんこ、竹がえし、ねんがり（釘たて）、パチンコ、日光写真、いろはかるた、すごろく、花合わせ、まわり将棋、トランプ
	手づくりの遊び	手づくりの玩具（紙玉鉄砲、竹とんぼ、松風ごま、弓矢）草花の遊び（ササ舟、草笛、草人形、麦わら細工、食べる遊び）、折り紙、石や砂の遊び。
	生きものにかかわる遊び	セミとり、トンボとり、蛙とり、魚とり、小鳥とり、クモの遊び、地蜂とり、カタツムリの競争、クワガタムシのけんか、トカゲのけんか、なんなんなーらせー。

がある」（47頁）からだ。その上で藤本は、「周りの大人たちが、子どもたちを文化の創造主体として認めていくことは、子どもたちの心の世界の豊かさを約束することになるにちがいない」（47頁）と結論づける。

はたして、戦時下の子どもたちの周りには、藤本の言うように「子どもたちを文化の創造主体として認め」ようとする大人がどれだけいたかと考える時、大人たちに期待することができなかった子どもたちは、「心の世界の豊かさ」を保つために、いわば自衛手段を講じなければならなかった。そしてこの自衛手段の一つが替え唄を口ずさむことだった――、以上のような仮説が成り立つかもしれない。

ただし、「文化の創造主体としての子ども」により創作・伝承された「子ども自身の文化」の観点からだけでは掬い取れないのが「子どもの替え唄」、特に「戦争中（および敗戦後）の子どもの替え唄」の特質である。本書第一部「テキスト篇」を見ていただければお分かりのように、厭戦・反戦、風刺、エロ・グロ・ナンセンス……、子どもたちが作ったとは思えない内容の歌詞がいくつも散見される。「昔の子ども」は今日の子どもよりも「マセテ（大人びて）」いたとか、面白半分にさかさまにして歌ってみたら結果的に「反戦ソング」になっていたとかいうことも確かにあるだろう。だが、それだけではない気がする。

大人たちも替え唄を作って仲間内で密かに歌い、たまたまそれを耳にした子どもが、それを面白いと感じて自分でも歌い、周りの子にも伝えていくということもあったのではないか。あるいはまた、旧制中学や職場などで先輩から聞いた替え唄を弟や妹や近所の子どもたちに歌って聞かせる「お兄ちゃん」もいたのではないか。つまり「戦争中の子どもの替え唄」は実態として、藤本が主張するような「子どもが創造主体」となる「子ども世代特有」の文化としての「子ども自身の文化」というカテゴリーには収まりきらないように思われるのだ。
それではいったいどのように位置づけたらいいか。笠木が遺した貴重な資料を基に、この問いを考えていくことが本書の重要なテーマとなる。

一方、笠木は戦争中の子どもの替え唄に注目した理由について『昨日生れたブタの子が』（一九九五）の中で、次のように記している。

まだまだたくさんの、戦争中の替歌《ママ》があります。このCDブックスに収録出来たのは、氷山の一角、ほんの一部なのです。また、地域によって、一行だけ、とか、一字だけ違っているということも多いので、それも一曲とすれば、全国各地に膨大な数の替歌が陽の目も見ずに、うずもれていることでしょう。出来ることなら、それを、全部掘り出して、記録しておきたい、そう思っているのです。
ところが、この国では、それがそう簡単ではない。替歌が、うたとして、市民権を得ていないのです。替歌もうたのうち、いや、うたのうちどころか、庶民のうたの中で、重要な一部分を占めているにもかかわらず、です。その元歌が、どんなジャンルの音楽や歌であれ、庶民が替歌に作りかえることによって、庶民が自ら表現する、「民衆のうた」という、素朴ではあっても、かけがえのない、ジャンルを形づくっているのに、町史や村史などに記録されることもなく、その価値は、ほとんど認められていません。誰が作ったのか分らない、誰かが作った替歌が、口伝えで、人から人に伝《ママ》っていく、そんな、「手渡しされていく」ものこそ、ホンモノの文化ではないのか、ぼくはそう思っているのです。

大江健三郎さんが、人間の心をいやす、という芸術の、本来持っている働きのことを、話しておられる。ぼくらは、あの暗黒の時代に、これらの替歌をうたうことで、自分をはげまし、心をいやしていたのです。戦争中の替歌など、低俗で下品で、単純で軟弱で、こんなものは芸術ではない、とおっしゃる人もいることでしょう。でも、あの時代、ぼくらにとって、これがうたであり、これが芸術だったのです。ほかに何があったのだろう（笠木一九九五：22）。

今年（二〇二〇年）は、アジア太平洋戦争（第二次世界大戦）に日本が敗戦した一九四五年から数えてちょうど七五年、四分の三世紀になる。幸いなことにわが国はこの間、一九四七年に公布された日本国憲法第九条[注1]の下、外国との戦争を行うことはなかった。だが、世界各地で戦争や武力衝突は今も絶えることなく、数えきれない子どもたちが命の危険にさらされている。またグローバル化が高度に進んだ今日の地球社会において、日本の子どもたちが紛争に巻き込まれない保証はどこにもない。

敗戦から一六年経った一九六一年に生まれた筆者は、本書に紹介した替え唄を子どもの頃に歌った体験は持たない。だが、笠木が遺した資料の整理と考察の作業を通して、彼が私たち戦争を知らない世代に伝えたかった想い―ラスト・メッセージ―をしっかりと受けとめ、これを次の世代へと届けていくことは、私たちの世代の責務であろう。

読者の皆様にはぜひとも、まずは第一部に紹介した替え唄やその元歌をできれば子どもたちと一緒に口ずさみ、ともに笑い、怒り、哀しみ、楽しんでいただきたい。それから、第二部の研究篇に記した内容も参考にしながら、私たちが人間らしく生きるために必要なことは何かについて想いを巡らせ、戦争とは何か、人はなぜ歌うのかについても、お互いの意見を出し合って一緒に考えてみていただきたい。本書が、そんな「主体的、対話的で深い学び」としての「アクティブ・ラーニング」の一助として、学校や家庭や地域社会で活用されることをひそかに願っている。

注

1　日本国憲法第九条…「日本国民は、正義と秩序を基調とする国際平和を誠実に希求し、国権の発動たる戦争と、武力による威嚇又は武力の行使は、国際紛争を解決する手段としては、永久にこれを放棄する。前項の目的を達するため、陸海空軍その他の戦力は、これを保持しない。国の交戦権は、これを認めない」。

第二章 唱歌・童謡・わらべうたの替え唄 65

第一部　テキスト篇

第一部　テキスト篇

〈凡例〉

◇本書において、作者不詳の伝承のうたには「唄」を、作詞者・作曲者が特定される創作のうたには「歌」の字を充てる。従って、替えうたは作者が特定される一部のものを除いて「替え唄」と記すこととする。

◇本書に紹介するテキスト（資料）の出典は以下の五つに大別される。

　第一に、笠木『昨日生れたブタの子が　戦争中の子どものうた』（一九九五）と、笠木『鳥よ鳥よ　青い鳥よ　日本の侵略と韓国の抵抗のうた』（一九九九）に掲載された替え唄テキストである。また今回入手した前著の草稿には、多くのテキストに対して出典がメモ書きされていたため、可能な限り原典に当たり用字も原典に揃えている。

　第二に、笠木（一九九五、一九九九）ならびに笠木「戦時下の子どもがうたった歌―『海にカバ　山にカバ』」（『子どもの文化』二〇一四年7＋8月号所収）の文末に参考文献として紹介されていた書籍に収載された替え唄である。アジア太平洋戦争（第二次世界大戦）の後に歌われたと思われる替え唄や、大人が作り、歌ったと思われるものも一括して掲載する。

　第三に、『昨日生れたブタの子が』出版後、「このCDブックスを聞いて、思い出した替歌《ママ》があったら、ぜひとも、ぼくに教えてください」（笠木一九九五：23）という呼びかけに応えて読者が手紙や葉書で寄せた、また笠木のコンサートの来場者が寄せた替え唄テキストである。これらの手稿はコピーして保存されており、今回筆者がお借りした資料の中にあったものである。「笠木一九九五への投稿」と記載する。

　第四に、笠木のファイルに収められていた出典不明のメモ書きや文献コピー類である。「笠木ファイル」と記載する。

　第五に、笠木の著書や資料ファイルには記されていないが、筆者自身が文献や私信などを通して入手した替え唄テキストである。

◇元歌のジャンルによって、一．軍歌、二．唱歌・童謡・わらべうた、三．大人向けの流行歌・民謡・外国の歌、に分類し、替え唄の題名（冒頭句）の五〇音順に紹介する。
◇本書における「軍歌」の定義は、辻田真佐憲『日本の軍歌』（二〇一四）に倣って「戦争に役立つ歌」という曖昧な形にしておく（6頁）。つまり、学校の教科書に載った歌（＝唱歌）や、大正・昭和初期の児童文芸雑誌に掲載された歌（＝童謡）の中にも、戦争へと子どもの心を駆り立てる内容の歌詞を含む楽曲が多数あるが、これらも「軍歌」として扱うこととする。したがって「二．唱歌・童謡・わらべうた」は、厳密には「軍歌以外の子どものうた」を意味する。
◇同一の元歌と思われる替え唄を一つのまとまり（楽曲）と見なし、複数の資料がある場合には、筆者が最も面白いと判断したものを代表例として冒頭に紹介する。
◇替え唄の冒頭句を曲の題名とし、歌詞と元歌の曲譜を紹介する。続いて元歌の曲名・発表年・作詞者・（原則として）一番の歌詞を掲載する。替え唄資料が複数ある場合には、原則として出典の出版年の古い順に、類歌a．b．…として、類例を紹介する。歌詞の後にカッコ付で出典を略号で記載する。
◇出典に記載されたコメントや筆者自身のコメントを〈解説〉として適宜付記する。
◇元歌は、題名の後にその歌の発表年と作詞者を挙げ、原則として一番の歌詞のみを記す。軍歌の歌詞は長田暁二『戦争が遺した歌』（二〇一五）に、唱歌・童謡は上笙一郎『日本童謡事典』（二〇〇五）に、同書に所収されていないものは畠中貞行他編『こどものうた大全集』（二〇〇二）に準拠する。これらの文献にないものについては本文中に適宜記載する。
◇曲譜は、長田（二〇一五）および畠中他（二〇〇二）その他の曲譜を参考にして鵜野が簡略化し、尾原昭夫氏に浄書いただいたものを掲載する。
◇日付は、西暦と元号を漢数字で、例えば「二〇二〇（令和二）年」のように記す。引用文も原則として同様の形に改訂して記載する。

第一章　軍歌の替え唄

（1）「朝だ五時半だ」

朝だ五時半だ　ゴハンの仕度
今朝のごはんは　団子と大根
昼のおかずは　大根と団子
集団生活　なかなかつらい
ケツケツカイカイ　ノミシラミ

（奥田一九六九／二〇〇一：243、鳥越一九九八：181-182）

元歌
「月月火水木金金（艦隊勤務）」（一九四〇年、詞：高橋俊策）
「朝だ夜明けだ　潮《うしお》の息《い》吹《ぶ》き／うんと吸い

月月火水木金金
高橋俊策　作詞
江口夜詩　作曲
あ　さ　ー　だ　よ　あ　ー　け　ー　だ
う　し　お　の　い　ー　ぶ　ー　き　ー
う　ん　ー　と　す　い　ー　こ　ー　む
あ　か　が　ね　い　ろ　の　ー　む　ね
に　ー　わ　か　さ　の　ー　み　な
ぎ　る　ほ　こ　り　ー　う
み　ー　の　お　と　こ　の　か　ん　た　い　き　ん　む
げ　つ　げ　つ　か　ー　す　い　も　く　き　ん　き　ん

込む　銅色《あかがね》の／胸に若さの　漲《みなぎ》る誇り／海の男の　艦隊勤務／月月火水木金金」

類歌

a．「夜ノ夜中ノ　マックラ闇デ／ウントフンバル　アカガネ色ノ／クソノ太サト　ミナギルニホヒ／裏ノ畠ノ　肥溜メ便所／ケツケツカイカイ　蚤クツタ」（山中一九八二：251‐252、笠木一九九五：2、鳥越一九九八：181、有馬二〇〇三a：285）

b．「朝だ五時半（四時半）だ　弁当箱下げて／家を出ていく　おやじの姿／昼めしは　ミミズのうどん／ルンペン生活　なかなかつらい／ケツケツカイカイ　ノミがいる（中沢Ⅰ：2、中沢Ⅳ：125、同Ⅴ：64、笠木一九九五：3、鳥越一九九八：182、有馬二〇〇三a：285）

c．「朝だ四時半だ　弁当下げて／家を出て行く　トンコロン（父さん）の姿／服は引っちゃぶれ　ズボンははっちゃぶれ／家のトンコロンの　出て行く処は／一ヶ月（ゲチ）三円の　月給かなあ」（鹿児島県…笠木一九九五への投稿）

d．「朝だ四時半だ　弁当箱下げて／うちを出て行く　親父の姿／下はボロズボン　上はボロシャツ／うちの親父は土方の大将／一日五銭の　安日給」（長野県伊那…笠木一九九五への投稿）

e．「朝の四時半に　紙屑拾い／家へ帰って　ご飯の仕度／其のおかずは　ミミズのうどん／（不明）／月月火水木金金」（岐阜県土岐郡笠原町…笠木一九九五への投稿）

〈解説〉

・（元歌について）「月月火水木金金のキャッチフレーズは、当時の海軍の猛訓練を表した合言葉となり、〃訓練に制限なし〟の掛け声の下、休日返上して連日艦隊勤務に励む模様を津留雄三大佐が言い始めたと言われる」（長田二〇一五：549-550）。「この精神主義は、十五年戦争の後半、太平洋戦争の末期になると、ますます声高に叫ばれるようになり、連日の猛訓練によってＢ29や、原爆に竹やりで必ず勝てると思いこむようになっていくのだから、狂気とはおそろしい」（笠木一九九五：2）。

・（a、bについて）「下品な言葉が出てくるのは、大人がいやがるからです。子どもたちは、わざと大人たちに、下品な言葉をぶつけ、大人たちの既成概念や、社会の表面的なマナー、大人の権威に、闘いをいどむのです。子どもたちは、叱られることは百も承知です。大人たちが怒れば怒るほど、下品な言葉のもつパワーと、その言葉を発することのできるものたちだけが持てる連帯感と、苦しいときに自らをはげましてくれる歌のもつ原点を感じることが出来るのです」（笠木一九九五：3）。

・（bについて）「『はだしのゲン』がうたっていたものです。だいすきだった父を失い母も死んで、ゲンは、子どもたちだけで、広島の焼け野原を生きていきます。みんなで大八車を引っぱり、食べ物をさがしに出かけていくときに、ゲンたちは、このうたをうたうのです。ぼくはこのうたをうたうたびに、いつも大笑いしながら涙がこぼれそうになります。そして、生きていくエネルギーを分けてもらい、元気になります」（笠木一九九五：3）。「（奥田継夫の作品）『ボクちゃんの戦場』の中で歌われているもので、この作品が疎開児童の集団生活を描いたものだけに、そのきびしい環境から生まれるべくして生まれた歌詞」（鳥越一九九八：183）。

（2）「何時まで続く」

何時《いつ》まで続く大東亜戦
三年半年食糧なく
餓死続出の銃後国民

元気な者は絶え果てて
倒れし人の頭髪を
カタミと今は別れ来ぬ
（広島県安芸郡船越町35歳工員…稲垣一九七六／一九九四：128、笠木一九九五：9）

元歌
「討匪行《とうひこう》」（一九三二年、詞：八木沼丈夫）
「どこまで続く　泥濘《ぬかるみ》ぞ／三日《みっか》二夜《ふたよ》を　食《しょく》もなく／雨降りしぶく鉄兜《かぶと》」

類歌
a．「何時マデ続ク此ノ戦《いくさ》／三年半年食糧ナク／餓死続出ノワガ国民」（山中一九八二：253、笠木一九九五：8）。

討匪行

八木沼丈夫　作詞
藤原　義江　作曲

どこ まで つづ く ぬか るみ ぞ みっ かー ふた よを
しょく も なく あめ ふり しぶ く てつ か ぶと

〈解説〉

・（元歌について）「オペラの大先達歌手としてあまりにも有名な〝われらがテナー〟と称された藤原義江が昭和七年秋、満州事変の前線慰問で渡満した際、八木沼丈夫関東軍参謀部嘱託の作ったこの歌詞に作曲を依頼され、大連から門司までの帰国の船の中で付曲。翌八年二月、自ら歌ったレコードがビクターから発売されヒットした。符点を後拍につけた葬送行進曲風なユニークな唄が、歌詞にあふれた〝死の行進〟のムードを充分表現して大衆にアピールし、人気が集中。この唄には『どこまで続く泥濘ぞ　三日二夜を食もなく……』とか『嘶く声も絶え果てて　倒れし馬のかてがみを……』、それに『既に煙草は無くなりぬ　頼むマッチも濡れはてぬ……』等、戦闘に参加した時の兵士の辛さ、苦しさ、無常感が具体的に描かれており、人間らしい思いが赤裸々に詠われている」（長田二〇一五：223）。

・「この歌には、戦争の辛さ、苦しさがあふれ、兵隊の思いが率直にうたわれている。日中戦争で生れた歌で、よくうたわれていたが、太平洋戦争に入って、うたうことが禁止された。（中略）この替歌《（ママ）》は、直球で、あの時代の人々の思いを、そのままストレートに表わしている。表現の自由のない時代に、替歌だからこそ言うことの出来た表現だと思います」（笠木一九九五：9）。

(3)「海にカバ」

海にカバ　水ずくカバね
山にカバ　草むすカバね
おお君の　へにこそ死なめ

海行かば

大伴家持　作歌
信時　潔　作曲

うみゆかば　みーづくかば
ね　やまゆかーば　くさむすかば
ね　おおーきみの　へにこそしなー
め　かーえりみはせじ

かえり見はせじ
（笠木二〇一四：72）

元歌

「海行かば」（一九四三年、詞：大伴家持）

「海行《ゆ》かば／水漬《みづ》くかばね／山行かば／草むすかばね／大君《おおきみ》の／辺《へ》にこそ死なめ／かえりみはせじ」

類歌

a．「海にカバ／ミミズク馬鹿ね／山行かば／草むすかばね／お丶君の／へにこそ死なめ／かえり見はせじ」（笠木一九九五：12－13、有馬二〇〇三a：287）

b．「海ゆカンパー／みづくカンパネー／山ゆカンパー／草むすカンパネー／大君のへにこそカンパー／かえりみはカンパー」（有馬二〇〇〇：356）

c．「海ゆカバ／水《みず》くカバね／山ゆカバ／草むすカバね／おお、君の屁にこそ死なめ／かえり見はせじ」（藤田二〇一六：22）

〈解説〉

・元歌は『万葉集』巻一八に収められた大伴家持の長歌の一節。「〝天皇の為には海であろうが、山であろうが、死ぬのは本望だ〟という、日本人古来の最高道徳を歌った個所だった。（中略）この楽譜を『国民唱歌』として全国の小学校に配布し、昭和一八年一二月からは文部省と国民統制組織である大政翼賛会では、『海行かば』を儀式に用いることを決め、『君が代』に次ぐ準国歌の役割をさせ、会合の際には必ずこの唄を歌って一億総進軍の意気高揚の心構えを鼓舞し合うよう、命令が下った。この曲がにわかに特別扱いをされたのは潜航艇でハワイの真珠湾を目指した九軍神の特別攻撃隊の一七年三月の戦死放送辺りからだった。一八年三月の山本五十六連合艦隊司令長官の戦死、同年四月のアリューシャン列島のアッツ島玉砕の大本営発表のラジオ放送の際のテーマ音楽に使用されたり、敗色が濃くなるに連れ戦没者の遺骨送迎の葬送曲に使用されたりして、次第に鎮魂歌の色合いが濃くなって行った」（長田二〇一五：79）。

・「この長歌が『陸奥国より金を出せる詔書を賀《ほ》ぐ』としてうたわれたことを考えると、『水漬《みづ》く屍《かばね》』『草生《む》す屍《かばね》』の様相には、先住者であり、そして滅びた蝦夷の人々の姿が二重写しになるのは、わたしの勝手な想像だろうか。また、この歌には、のちに曲がつけられて、第二次世界大戦の代表的な戦歌として、戦時中にわたしたちもよくうたったものだった。

昭和一九（一九四四）年七月にサイパン島の玉砕が報じられた朝、わたしは小学校四年生だったが、朝礼の時、講堂の壇に立たれた校長先生が涙を流してこの歌をうたわれた姿も忘れられない。サイパン島に在住していた日本人や無辜の島民が、バンザイクリフとのちに呼ばれた岸壁からつぎつぎに「バンザーイ」と叫びながら身を投げて命を落としたことを話し、先生はそのあとで泣きながらこの歌をうたわれた。あの場面は幼心にも忘れられないものになった。幼いわたしも『大君の辺にこそ死なめ』と心に強く思ったものだ。そういう教育を受けていたのである」（小野二〇一九：286）。

・（冒頭の替え唄について）「これは当時、第二国歌と言われた『海行かば』の替え歌。元歌は元旦の式などでよくうたわされた。玉砕した兵隊さんを鎮魂する歌だから、笑ってはいけないと言われたが、とても無理だった。カバは四頭も出てくるし、君のオナラでオレが死ぬのかよ、と聞こえた」（笠木二〇一四：72）。

・（cについて）「優等生（?）だった私は歌いませんでしたけれど、心に残っているこの替え歌、男の子たちが『カバ』と『へ』を強調してよく歌っていたので、私も憶えてしまったのです。あんな苦しい時代でも、子どもたちは、こんな替え歌を歌って楽しんだのです」（藤田二〇一六：22）。

（4）「エンジンの音消えちゃって」

エンジンの音消えちゃって
隼《はやぶさ》　飛ばず草の陰
翼の日の丸剥げちゃって
胸に描いた若鷲は
継ぎはぎだらけの飛行服
（笠木一九九五への投稿）

元歌

「加藤隼戦闘隊（陸軍飛行第64戦隊歌）」（一九四三年、詞：田中林平）

「一、エンジンの音轟轟と／隼は征《ゆ》く雲の果て／翼《よく》に輝く日の丸と／胸に描きし赤鷲の／印《しるし》は我らが戦闘機

四、干戈《かんか》交《まじ》ゆる幾星霜／七度《ななたび》重なる感状の／いさをの蔭に涙あり／ああ今は亡き武士《もののふ》の／笑って散ったその心」

加藤隼戦闘隊
（陸軍飛行第64戦隊歌）
田中林平　作詞
原田喜一・岡野正幸　作曲
エ ン ジ ン の ー お ー と ご
う ー ごう ー と は や ぶ さ は ゆ ー ー く く
も ー の ー は ー て よ く に か が や ー く ー
ひ の ま る と む ね に え が き し あ か わ ー し の し る
し は われ ら が せ ん と う ー ー き

類歌

a．「チンタワー（かぼちゃ）交える雑炊米／七度、タジラス、アンランスー／シブイ（冬瓜）のかげに豆腐あり（以下不明）」（沖縄：船越一九八一：228）

〈解説〉

・（元歌について）「昭和一八年（一九四三）一月、それまで軍歌に縁のなかったハワイアン歌手の灰田勝彦が、いやいやビクターに吹き込んで発売。（中略）元来この唄は昭和一五年（一九四〇）、広東の天河飛行場に駐留していた飛行隊「丸田中隊歌」として作られたもので、作詞は丸田隊の田中林平准尉、作曲は当時広東に駐留の南支派遣軍楽隊（隊長森屋五郎大尉）の原田喜一、岡野正幸曹長の合作である。丸田隊が南方作戦に出陣する前、加藤建夫部隊長が広東に移駐。合隊したが、この唄が気に入り『加藤部隊歌』となった。正式名は『陸軍飛行第64戦隊歌』と言った。加藤建夫は、日支事変が始まると中隊長として北支に出動、中国の精鋭と交戦して25機を撃墜して一躍勇名を馳せた。太平洋戦争開戦当初は加藤隼戦闘隊を指揮、マレー作戦では山下兵団の上陸作戦を援護、さらにパレンバンの落下傘部隊降下作戦を援護する等、目醒しい軍功を樹て、七回に及ぶ感状を授与した。（中略）一式戦闘機〝隼〟に乗って加藤隼戦闘隊を指揮して二一六機を撃墜破、〝撃墜王〟の勇名を馳せた。加藤中佐は一七年（一九四二）五月二二日、ビルマ（現・ミャンマー）のベンガル湾上空で、英軍機との空中戦で被弾して失速、機首から海中に突っ込んで自爆した。七月二二日、陸軍当局はその嚇々たる戦果をたたえ中佐から少将へと二階級特進させ、〝空の軍神〟が誕生した」（長田二〇一五：187）。

（5）「お菓子は幾万」

お菓子は幾万あるとても
すべて砂糖のせいなるぞ

砂糖のせいにあらずとも
とにかく甘いはベリマッチ
饅頭は羊羹に勝ちがたく
マロンケーキはビスケットに勝栗の
食いたい心の一徹に
ゼニ箱さがすこともある
さがしてドッつかれることもある
などて食えないこともある
などてパクつけないこともある
（川崎一九九四：294、有馬二〇〇〇：167）

元歌
「敵は幾万」（一八八六年、詞：山田美妙）
「敵は幾万　ありとても／すべて烏合《うごう》の勢《せい》なるぞ／烏合の勢に　あらずとも／味方に正しき　道理あり／邪はそれ正に　勝ちがたく／直は曲にぞ　勝栗《かちぐり》の／堅き心の一徹《いってつ》は／石に矢の立つ　例《ためし》あり／石に立つ矢の　例あり／などて恐るる　事やある／

敵は幾万

山田　美妙　作詞
小山作之助　作曲

て ーき はい くま ん あ りと て も す ーべ てう ごう の
せ い な る ぞ う ごう の せ ーい に あ ら ず と も
み か た に た だし き ど う り あ り じゃ は そ れ
せ い に ー か ち が ー た ー く
ちょ ー く は きょ く に ぞ か ち ぐ ー り ー の
か ー た き こ ころ の い っ て つ は い ー し に や の た つ
た め し あ り い ー し に た つ や の た め し あ り
な ー ど て お そ る る こ と や あ る な ど て
た ー ゆ ー と う こ と や あ る

などて撓《たゆ》とう　事やある」

類歌

a．「菓子は幾万ありとても　すべて砂糖の製なるぞ／砂糖の製にあらずとも　中には小豆の餡もある／洋羹《(ママ)》カステラ勝ち難く　蕎麦にウドンは勝栗の／食ひたい心の一徹は　茶碗に噛みつく例へあり／箸を噛み折る例へありなどて喰はずにおかれうか／などて喰はずにおかれうか」（一九〇六年頃に作られたとされる。辻田二〇一四：128）

〈解説〉

・（元歌について）「この歌詞は明治一九年（一八八六）八月出版の、小説家で詩人の山田美妙が編集した『新体詩撰』の中にあった。元の表題は『戦景大和魂』という八章から成る詩だったが、東京音楽学校教授の小山作之助が作曲するに当たり、原詩の八章から三章を選び、『敵は幾万』と改題して明治二四年（一八九一）七月に発刊の『民歌集』に収めた。（中略）当時の為政者の意図を反映し、〝仮想敵国・清国討つべし！〟と、清国との敵対関係のムードを殊更盛り上げたのである。（中略）又、詞・曲ともに勇壮だった所為もあって、早稲田大学の対慶応の野球の応援歌にも使用された」（長田二〇一五：27）。

（6）「肩を並べて兄さんと」

肩を並べて兄さんと
今日も買い出し行けるのも
日本が負けたおかげです

弱い弱いお国のために負けちゃった
兵隊さんのおかげです
（笠木一九九五への投稿）

元歌
「兵隊さんよ　ありがとう」（一九三九年、詞：橋本善三郎）
「一、肩を並べて　兄さんと／今日も学校へ　行けるのは／兵隊さんの　おかげです／お国のために戦った／兵隊さんの　おかげです／四、…兵隊さんよ　ありがとう／兵隊さんよ　ありがとう」

〈解説〉
・（元歌について）「昭和一三年（一九三八）一〇月、『父よあなたは強かった』と同じく東西両朝日新聞社の企画募集歌で、国民皆唱の〝皇軍将士に感謝の歌〟の佳作第一席として、児童向けに選ばれた。オリジナル・レコードは一四年一月、松原操、童謡歌手の飯田ふさ江の歌唱で日本コロムビアより発売され、当時の時流に上手く乗った企画として子供達の間ですごく盛んに歌われ、四〇万枚のヒットになった。（中略）このメロディは戦後も〽今夜こうして呑めるのも　○○さんの御蔭です、○○さんよ有り難う　○○さんよ有り難う……と替え唄の『電気ゴマスリソング』になり、宴会を大いに盛り上げていた」（長田二〇一五：658）。

兵隊さんよありがとう

橋本善三郎　作詞
佐々木すぐる　作曲

（7）「昨日落とした一銭金を」

昨日落とした　一銭金を
今日はやっとかっと　見つけ出した
パン買け走れば　たった一つ
おじさんまひとっどま　まけっくいやんせ

（笠木一九九五への投稿）

元歌

「愛馬進軍歌」（一九三九年、詞：久保井信夫）

「一、祖国《くに》を出てから　幾月ぞ／共に死ぬ気で　この馬と／
攻めて進んだ　山や河／執《と》った手綱《たづな》に　血が通《かよ》う
二、昨日陥《おと》した　トーチカで／今日は仮寝《かりね》の　高鼾《いびき》／馬よ
ぐっすり　眠れたか／明日の戦《いくさ》は　手強いぞ」

愛馬進軍歌
久保井信夫　作詞
新城正一　作曲
く　ーに　を　で　て　か　ら　い　くつ　ー　き　ぞ
と　ー　も　に　し　ぬ　き　で　こ　の　う　ま　と
せ　ー　め　て　す　す　ん　ー　だ　や　ま　や　か　わ
と　っ　た　ー　た　づ　な　ー　に　ち　が　か　よ　う

〈解説〉

・（元歌について）「昭和一三年（一九三八）秋、『馬は貴重な戦力である』所から、馬匹愛護思想を普及させ、馬の増産を奨励するため、イベントの一つに陸軍省馬政課と農林省馬政局が『愛馬の唄』を一般から共同募集した。人馬一体で戦っ

た〝騎兵〟は、第二次世界大戦時は既に時代遅れになっていて、戦力としては最早重要視されなかった。然し、当時の中国大陸の戦線では十分機械化されていない陸軍部隊に取り、軍馬は重要な動力源だった。そこで軍馬への関心を高める唄が必要だったのである。この時、当時の栗林忠道兵務局馬政課長の肝入りで、応募数四万通の中から選ばれた選定歌が『愛馬進軍歌』だった。(中略)勇壮と情味を盛り込んだ歌詞に、親しみ易い砕けた調子の唄だったので前線は勿論、銃後でも広く歌われた」(長田二〇一五：526)。

(8)「金鵄あがって十五銭」

金鵄《きんし》あがって十五銭
栄《は》えある光三十銭
いよいよあがるこのタバコ
紀元は二千六百年
あゝ一億の民《たみ》が泣く

(加太一九七一：44、笠木一九九五：5、鳥越一九九八：189)

元歌
「紀元二千六百年」(一九四〇年、詞：増田好生)
「金鵄《きんし》輝く　日本の／栄《はえ》ある光　身にうけて／いまこそ祝え　この朝《あした》／紀元は二千六百年／あゝ一億の胸はなる」

紀元二千六百年

増田好生　作詞
森義八郎　作曲

きんしかがやく　にっぽんの　はえあるひかり
みにうけて　いまこそいわえ　このあした
きげんはにせん　ろっぴゃくねん　ああ　いちおく
の　ー　むね　はなる　ー

類歌

a.「金鵄上った七十銭／栄えある光六十銭／翼ひろげた鵬翼が／上った上った九十銭／あゝ一億がおどろいた」（高橋一九六九：128、笠木一九九五：5、鳥越一九九八：190）

b.「金鵄上がって十五銭／栄えある光三十銭／遥かに仰ぐ鵬翼は／二十五銭になりました／噫一億は皆困る」（埼玉県北葛飾郡幸手町の国民学校6年男子…稲垣一九七六／一九九四：125）

c.「金鵄輝く十五銭／栄えある光三十銭／それより高い鵬翼は／苦くて辛くて四十銭／あゝ一億の金はない」（川崎一九九四：295）

d.「金鵄上がって十五銭／栄えある光三十銭／朝日は昇って四十五銭／鵬翼連ねて五十銭／ああ一億の金は減る」（橋本一九九四：39、笠木一九九五：5、鳥越一九九八：190）

e.「金鵄輝く日本の／あいこでアメリカヨーロッパ／パッパッパリーの見学に／にんにん肉屋の大ドロボウ／あゝ教会の鐘は鳴る」（東京、ゴムとびの唄…笠木一九九五：5）

f.「金鵄輝く十五銭／晴ある光三十銭／今こそホウヨク四十銭／ホマレは据え置き七銭だ／あゝタバコの値は上がる」（笠木一九九五への投稿）

h.「金鵄あがって十二銭／栄えある光二十銭／翼ひろげた鵬翼は／あがりあがって三十銭／あゝ一億は火の車」（岐阜県各務原市…笠木一九九五への投稿）

g.「金鵄輝く十五銭／栄えある光三十銭／今こそ上がるタバコの値／頃は昭和十八年／あゝ鵬翼は二十五銭」（鹿児

島県…笠木一九九五への投稿）

j．「金鵄たばこは十五銭／栄えある光は二十銭／つばさひろげた鵬翼は／上がった上がった三十銭／あゝ一億は魂（たま）上がった」（熊本県…笠木一九九五への投稿）

k．「金鵄輝く十五銭／栄えある光三十銭／それよりからい鵬翼は／あがったあがった二十五銭／ああ一億は金がない」（鳥越一九九八：188）

l．「金鵄輝く十五銭　栄えある光三十銭　鵬翼高く値を上げてぇ　紀元は二千六百年　ああ一億の金がない！」（飯島二〇一九：99）

〈解説〉

・（元歌について）「昭和一五年（一九四〇）は神武天皇が大和地方の橿原で即位以来二六〇〇年目に当たるという触れ込みで、一一月一〇日、皇居前に前年から着々と用意した式場で盛大な祝典を催した。（中略）奉祝歌『紀元二千六百年』は、紀元二千六百年奉祝会と日本放送協会とが一四年に共同募集した際の当選歌である。（中略）戦線が拡大し長期にわたると戦費調達のため税金が高くなったが、たばこも例外ではなかった。煙草の急激な値上げに悲鳴を上げる『紀元二千六百年』の替え唄も中々の傑作である」（長田二〇一五：81－83）。

・「金鵄」「光」「朝日」「鵬翼」はいずれも煙草の銘柄。替え唄が作られ、歌われた時期や地方によって値段が違っている。「金鵄の値段は、昭和一六年一〇銭、昭和一八年一五銭、昭和一九年四五銭、昭和二〇年にはなんと七〇銭」（笠木一九九五：5）。

・「金鵄とは、金のトビのことで、神武天皇が大和へ入ろうとして、先住民を征服に出かけたとき、天皇の弓にとまったのが、この金のトビ。その輝きに目がくらんで、われら先住民はやっつけられてしまったという日本書紀の神話から来ている」（笠木一九九五：5）。

・（jについて）「昭和一八年頃よく歌われた。物資不足と値上げが続く中、子どもたちは場所を選ばず合唱していたが警官も憲兵も見て見ぬふりをしていた」（熊本県…笠木一九九五への投稿）。

（9）「黒いからだに（のらくろのうた）」

黒いからだに大きな眼
陽気に元気に生き生きと
少年倶楽部の「のらくろ」は
いつも皆を笑わせる

もとは宿なしのら犬も
今では猛犬聯隊で
音に聞えた人気者
笑いの手柄数知れず

いくさに出ればその度に
働きぶりもめざましく

勇敢なる水兵

佐佐木信綱　作詞
奥　好義　作曲

けむりも　みえずー　くももなく
かーぜも　おこらず　なみたたず
かがみの　ごときー　こうかいは
くーもり　そめたり　ときのまに

どんどんふえる首の星
末は大将元帥か

僕等は「のらくろ」大好きよ
笑いの砲弾爆弾で
日本国中ニコニコと
「のらくろ」万歳万々歳
（阪田一九九〇：96）

元歌
「勇敢なる水兵」（一八九五年、詞：佐々木信綱）
「一、煙も見えず雲もなく／風も起こらず浪立たず／鏡《かがみ》のごとき黄海《こうかい》は／曇り初《そ》めたり時の間に
八、『まだ沈まずや　定遠は』／その言の葉は　短きも／皇国《みくに》を思う　国民《くにたみ》の／胸にぞ長く　記《しる》されん」

類歌
a.「われらはみな善良な民衆、兵隊になることを請い願う。腐敗した清政府に、心から怒りがこみ上げてくる。やつらは租税を意のままに取り立て、人民を牛馬のように扱う。これ以上萎縮したら、われらが生きる道はもうないのだ。」（辻田二〇一四：115）

〈解説〉

・（元歌について）「この海戦の最中、旗艦『松島』の艦首に清国『定遠』の三〇・五センチ砲の弾丸が命中して貫通、火災を起こし、日本側に九〇名の死傷者を出した。この時、左弦一二センチ砲員、一等水兵三浦虎次郎は一〇数個所に創を受け、瀕死の重傷を負い倒れていたが、通り掛かった副長向山慎吉少佐に『未だ沈まずや定遠は』と苦しい息の下から敵艦の情勢を尋ねた。副長は『安心しろ、定遠は沈没した。これから鎮遠を遣っ付けに行く』と言った。〝聞きえし彼は嬉しげに　最後の微笑を洩らしつつ　いかで仇を討ちてよと　云う程もなく息絶えぬ〟となった。（中略）この忠勇美談を紹介した読売新聞の記事を読んで感動した気鋭の歌人、佐佐木信綱が、気品の高い一〇連の叙事詩にまとめて、明治二八年二月発刊の『大捷軍歌第三篇』に発表したのである。（中略）四七抜き長音階のこのメロディは、当時大いに愛唱され、第一高等学校の寮歌にも使われており、又、大正演歌の『新馬鹿の唄』（添田唖然坊作詞）にも利用されており、その普及振りが窺い知れる」（長田二〇一五：47-48）。

・（冒頭の替え唄について）雑誌「少年倶楽部」の人気連載漫画「のらくろ」の応援歌として同誌に掲載された。「雑誌には、これを『煙も見えず雲もなく』で始まる軍歌『勇敢なる水兵』のメロディーに合わせてお歌い下さいと書いてあった。当時の小学生なら、日清戦争の黄海の海戦の挿話をうたったその軍歌をだれでも知っていたから、歌詞だけ見ればすぐに歌えた」（阪田一九九〇：92）。

・（aについて）「革命軍」と題されるこの歌は、日本への留学経験を持つ沈心工が作詞した。「辛亥革命勃発後の一九一二年に発表された。清朝の圧政を打ち倒せという革命歌である」（辻田二〇一四：115）。

（10）「ここは奥さんどこですか」

ここは奥さんどこですか
離れて父ちゃんまんじゅうの

赤いまんじゅうに白まんじゅう
二つたべたらうまかった

馬に蹴られて痛かった
痛けりゃお医者に診てもらえ
お医者さんの薬は効かなんだ
「おいちに」の薬はよう効いた
（阪田一九九〇：93、鳥越一九九八：175、有馬二〇〇〇：271）

元歌

「戦友」（一九〇五年、詞：真下飛泉）
「ここは御国《おくに》を何百里《なんびゃくり》／離《はな》れて遠き満洲《まんしゅう》の／赤い夕日に照らされて／友は野末《のずえ》の石の下」

類歌

a.「ここは奥さま旦那さま／離れて遠き奥ざしき／赤いフンドシ　チラチラと／ゆれているのも情けなや」（郡上八幡市…笠木一九九五への投稿）

b.「ここは都を何百里／離れて遠き玉山の／暗い寝床を抜け出して／友は夜逃げの田舎道」（福島県玉山鉱泉の旅館に集団疎開した読者…笠木一九九五への投稿）

戦　友

真下飛泉　作詞
三善和気　作曲

ここはーおくにをなんびゃくり
はなれてとおきまんしゅうの
あかいーゆうひにてらされて
とーものずえのいしのした

c．「ここは奥さんどこですか／離れて遠き奥座敷／明い電気をうち消して（以下不明）」（有馬二〇〇〇：271）

〈解説〉

・（元歌について）「日露戦争が終わった明治三八年（一九〇五）年九月に発表された。京都師範を卒業後、同校の附属小学校の訓導をしていた真下飛泉は、陸軍軍曹として出征した義兄が凱旋後語った体験話を基にして、文語と口語を交えた『戦績』と題す『学校及家庭用言文一致叙事唱歌』を作った。それは『出征』『露営』『戦友』…等、一二篇からなる語り物詩だった。（中略）これに後に宝塚少女歌劇学校に所属して活躍した三善和気の作曲を得て、学芸会で発表すると、聴きに来ていた父兄達が、唄がすすむにつれて涙にむせぶほどの多大な感銘を与えた。（中略）満州事変直後、右翼の指導者は四番の〽軍律厳しい中なれど　これが見捨てて置かりょうか……のところが軍紀違反であって違反はとんでもない事。又、全体を通した人情味のある人間臭さが兵士の士気を消沈させる唄であると理由づけをして、『歌う事を禁止する様』提唱した。（中略）とうとう、昭和一六年（一九四一）、太平洋戦争に突入すると、一億総進軍の折から、個人の感傷に溺れるとはとんでもない事であると歌唱禁止を実行させた」（長田二〇一五：146-147）。

・（冒頭の替え唄について）「昔、兵隊を行進させる時、教官は『オイッチ、ニ！』と声をかけた。それが語源の『おいちにの薬売り』は日露戦争の傷兵（昔は廃兵と言った）が生活のためにやり始めたものと言われているだけに、おかしみの底に悲しみがある」（阪田一九九〇：94）。

・「『おいちに』の薬は、むかし富山の行商人が家庭にあずけていった薬である。当時、軍隊などで『おいち、に』と歩調をとって行進していたので、徒歩の行商人を『おいちに』と呼んだ」（有馬二〇〇〇：271）。

（11）「さらば父ちゃんよ」

さらば父ちゃんよ　もう帰らない
永遠《とわ》の別れで涙もでない
憎っくき恨めしこの戦いを
やっつけはりつけこの十字架よ
（東京…笠木一九九五への投稿）

元歌
「ラバウル小唄（南洋航路）」（一九四〇年、詞：若杉雄三郎）
「一、さらば ラバウルよ 又来るまでは／しばし別れの　涙がにじむ／恋しなつかし　あの島見れば／椰子《やし》の葉かげに　十字星／三、赤い夕陽が　波間に沈む／果ては何処《いずこ》か　水平線よ／今日も遥々《はるばる》　南洋航路／男船乗り　鷗鳥《かもめ》」

類歌
a．「さらば沖縄よ　またくるまでは／無事な姿でいておくれ／いとし沖縄の島じま見れば／ヤシの葉影に十字星」（加太一九六五：74）

ラバウル小唄
（南洋航路）
若杉雄三郎　作詞
島口　駒夫　作曲

さ ら ば ラ バ ウ ル よ　ま た く る ま ー で　は
し　ば ー し ー わ か ー れ の　な み だ が に ー じ　む
こ　ー い し　な ー つ ー か ー し　あ の し ま み　れ ー　ば
や　し ー の ー は か ー げ に　じゅ う ー じ　せ ー い

〈解説〉

・（元歌について）「昭和一五年（一九四〇）八月に、ビクターから新田八郎の歌唱で発売された『南洋航路』だった。この唄は当時日本が委任統治していたマーシャル・カロリン・マリアナ等中部太平洋に点在していた南洋諸島を廻る定期船の南洋航路を舞台にしたマドロス歌謡で、戦争とは何ら関係のない唄だった。（中略）南洋航路の定期船の娯楽室には蓄音器が備えられ、このレコードを掛けてマドロス達が覚え、替え唄にして寄港した港々の女達に教え、知らないうちに皆が聞き伝えで覚え、次第に普及したと思われる。それが、太平洋戦争の戦局が緊迫して来るに連れて盛んに歌われる様になった。（中略）第二五航空戦隊がラバウルを撤退する時、南方戦線の兵士達の間で流行っているこの唄を涙で歌った。昭和一九年（一九四四）に日本放送協会が波岡惣一郎の歌でたびたび放送した所、替え唄の歌詞が人々の心を引き着けて大ヒット、『ラバウル小唄』と通称された。連合軍の反撃にさらされるに連れ、〝ラバウル〟の所をそれぞれ別の地名に置き換え、『〇〇小唄』とか『さらば〇〇』と言った唄が随分作られ、そして歌われた」（長田二〇一五：281－282）。

・（aについて）「鹿児島に疎開していた沖縄の子どもたちが歌った」（加太一九六五：74）。

（12）「四百余人の乞食」

四百余人の乞食
ザル持って門《かど》に立つ
オッサン銭《ぜに》をくれ

元　寇

永井建子　作詞・作曲
しひゃく　よしゅうをこぞ
る　じゅうまん　よきのてき
ー　こくなん　ここにみる
こうあんよねんなつのころー

穴のあいた銭をくれ

（八千代市…笠木一九九五への投稿）

元歌

「元寇」（一八九二年、詞：永井建子）

「四百余州《しひゃくよしゅう》を挙《こぞ》る／十万余騎《よき》の敵／国難ここに見る／弘安《こうあん》四年夏の頃」（以下省略）

類歌

a．「八百余州の乞食／ざるをもって門に立ち／おっさーんめしをくれ／はらいっぱいめしをくれ」（中沢Ⅰ：82）、「八百余州の乞食／ザルもって門に立ち／おっさんゼニをくれ／ザルいっぱいゼニをくれ」（中沢Ⅶ：109）

b．「四百余州の乞食／ザル持って門《かど》に立ち／奥さん飯《めし》進ぜよ／くれんとわしゃ泣くよ」（この歌は中国人を嘲った歌かなという気もする。大連市…笠木一九九五への投稿）

c．「幾千万人の乞食／椀持って門に立ち／奥さん飯シンジョ／くれなきゃぶっ殺す」（終戦直後の新京市（現在の長春市）で万引き団を組織した少年たちが歌った…　笠木一九九五への投稿）

d．「二〇四人の乞食／銀座のかどに立ち／おっちゃん銭おくれ／くれないとパンチくわす」（東京…笠木一九九五への投稿）

〈解説〉

・（元歌について）「明治二五年（一八九二）四月『音楽雑誌』一九号に発表された唄で、二八歳の陸軍軍楽隊楽手の永井建子が作詞・作曲している。当時は日清間の情勢は切迫しており、仮想敵国、清国に対する国民的昂奮を掻き立てるためにもこの唄は随分と役立った。（中略）旋律はアメリカの有名な軍歌・アルフォード作曲の『錨を上げて』を下敷きにして作られている。（中略）〃元寇の役〃をテーマにして詠んでいるが、清国を敵とする考え方をそれとなく盛り込んでおり、明治二七〜二八年の日清戦争の時は士気を鼓舞する唄として盛んに歌われた。（中略）この唄は陸軍のみならず海軍でも軍歌として歌われ、その格調高さから国民の間でも人気が高く、小学唱歌にも採り入れられた」（長田二〇一五：38）。

（13）「大東亜戦争が勝ったなら」

大東亜戦争が勝ったなら
電信柱に花が咲く
ネズミが猫を追いかける
焼いた魚が踊りだす
（宮城県の集団疎開先で…笠木一九九五への投稿）

原曲
「アムール河の流血や」（一九〇一年、作詞：塩田環）
「アムール河の　流血や／凍りて恨み　結びけん／二十世紀の
東洋は／怪雲空に　はびこりつ」

元歌

「歩兵の本領（歩兵の歌）」（一九一一年、作詞：加藤明勝）

「万朶《ばんだ》の桜か　襟《えり》の色／花は吉野に　嵐吹く／大和男子《やまとおのこ》と　生れなば／散兵線《さんぺいせん》の　花と散れ」

類歌

a.「もし日本が負けたなら／電信柱に花が咲き／焼いた魚が泳ぎ出し／絵にかいただるまさんが踊りだす」（笠木一九九五への投稿）

b.「二千万の同胞よ　立ちあがれ　銃をかつぎ　剣をとれ／奪われた自由と　わが祖国を　敵の手から　取りもどせ／雨にぬれている　松の木も　墓にねむる　祖先たちも／老若男女　立ちあがれ　幼い子どもも　立ちあがれ／われらの血で　山をぬらし　川を真赤に　染めるとも／われらの敵を　追い出して　平和の鐘が　鳴る日まで／이천만 동포야 일어나거라　일어나서 총을 메고 칼을 잡아라／잃었던 내 조국과 너의 자유를 원수의 손에서 피로 찾아라」（笠木一九九九：22－27）

c.「情愛の絆　慈しみの心　断ち切りて　愛する者　捨て来し　我ら／戦いこそ　我らが使命　勝利のときまで　戦わん／集い来たり　尊き血　受け継ぎし　勇みし　我ら／死ぬるも　生くるも　決意は揺るがず　世界が滅びぬ限り　我らビルマ人／我らが国を所有せん　親しきは　我が死に神　汝に誓わん」（テイン一九九二：159－160）

〈解説〉

・「明治四四年（一九一一）春、陸軍中央幼年学校一〇期生の加藤明勝が、第一高等学校東寮寮歌として明治三四年二月に発表した『アムール河の流血や』（一高寮生栗林宇一作曲説）の旋律に合わせて、替え唄『征露の歌』を作詞した。

中央幼年学校の卒業百日前に行われる『百日祭』に当たって作られたもので、一般兵営では『歩兵の本領』と通称されていた。幼年学校では歩兵科に進む生徒が、自らの兵科を讃えている歌詞である。

旋律は『歩兵の本領』や〽聞け万国の労働者……として知られる『メーデーの歌』に使用された関係上、耳馴染の曲になった。アムール河の流血とは明治三三年六月に、帝政ロシアの軍隊が二万五千人をアムール河に投じて、清国人を虐殺した事件が勃発したのである。『征露の唄』はロシアが東洋を侵略して来るという危機感を詠い込んだもので、軍歌と同じ様な機能を発揮し、士気鼓舞、戦意昂揚に大きく役立った。（中略）そして同じメロディが寮歌の『アムール河の流血や』↓　軍歌の『歩兵の本領』↓　労働歌の『メーデーの歌』と転身した」（長田二〇一五：156–157）。

・（冒頭の替え唄について）「私たちは意味も分からず、でもみんなでよく唄いました。そのうちに先生からこの歌は絶対に歌ってはいけないと厳しく言われました。私たちは、その理由が分らず、ただ今まで唄っていた歌が急に唄えなくなるということは、こんなに淋しいものかと感じました。そうだ、この歌は反戦歌だったのだと私が気付いたのは、戦争も終ってずっと後のことでした。この歌は、短い間でしたが、疎開先で唄った私たち生徒の愛唱歌でもあったのです」（笠木一九九五への投稿より）。

・（bについて）日本統治下の朝鮮半島で作られた「蜂起歌　봉기가」と題する替え唄。「日韓併合のころにうたわれた。中国東北部（満州）や、上海などに亡命した人びとや、独立軍がうたったものだろう。曲は、なんと日本の一高寮歌『アムール川』。この曲は、たくさんの替歌を生みだした名曲中の名曲でしょう。明治時代の軍歌である『歩兵の本領』となり、一方ではメーデーなどで愛唱された『聞け万国の労働者』となる。また小中学校の運動会の応援歌にもなり、日本人なら、一度は口ずさんだことがあるという曲です。それが海を渡って、反日の軍歌となり、朝鮮の人びとを鼓舞したのだから、愉快だなァ」（笠木一九九九：26）。

・（cについて）「当初、ビルマ独立運動を担ったタキンたち（「我らのビルマ組織＝タキン党」を指す…鵜野注）が独立闘争を鼓吹するため歌っていたが、一九四四年九月、アウンサン将軍を指導者に反ファシスト人民自由連盟が結成され、抗日反乱が決定されると、当時、ビルマの人々が《ファシスト日本》と呼んでいた日本軍に対する抗日闘争を鼓吹する歌として歌われた」（テイン一九九二：227）。

(14)「天井に金づち」

天井に金づち　釘を打つ
チューチュー　ねずみの三勇士
がんこなオヤジに　どなられて
今日も出て行く　父母の国
打たずば生きて　かえらじと
ちこう心のあさましさ

（有馬二〇〇〇：293）

元歌

「日本陸軍」（一九〇四年、詞：大和田建樹）
「天に代《かわ》りて不義を討つ／忠勇無双のわが兵は／歓呼《かんこ》の声に送られて／今ぞ出で立つ父母の国／勝たずば生きて還らじと／誓う心の勇ましさ」

日本陸軍
大和田建樹　作詞
深澤登代吉　作曲
て ーん にか わり て ふ ぎを うつ ちゅうゆ うむ そう の
わ がへ いは かんこ のこ ーえ に お くら れて
い ーま ぞい でた つ ふ ぼの くに か たず ばい ーき て
か えら じと ち ーこ うこ ころ の い さま しさ

類歌

a．「天井めがけて釘を打つ／チュウチュウネズミの運動会」（鳥越一九九八：187）

〈解説〉

・（元歌について）「『日本海軍』に対抗して作られた唄で、明治三七年（一九〇四）七月、日露開戦直後開成館から出版された作品。（中略）第一節が『出征』の事を述べているところから、太平洋戦争中も召集令状を受けた若者の出征時には必ず高吟していたし、軍歌演習や行軍の際にも良く歌っていた」（長田二〇一五：118）。

(15)「パーマネントをかけすぎて」

パーマネントをかけすぎて
みるみるうちにはげ頭
よくよく見れば毛が三本
ああ恥ずかしや恥ずかしや
パーマネントはやめましょう

（鳥越一九九八：178）

皇軍大捷の歌

福田米三郎　作詞
堀内敬三　作曲

くにーをたつひのばんざいにし
びれるほどのーかんげきをこ
めーてふったもこのうでぞ
いまそのうでにちょうじょうをこ
えーてはためくにっしょうき

元歌

「皇軍大捷の歌」（一九三八年、詞：福田米三郎）

「国を発《た》つ日の万歳に／痺《しび》れるほどの感激を／こめて振ったもこの腕ぞ／今その腕に長城を／越えてはためく日章旗」

類歌

a．「パーマネントに火がついて／見る見るうちに禿あたま／禿のあたまに毛が三本／ああ、恥ずかしや（恥ずかしい）恥ずかしや（恥ずかしい）／パーマネントはやめましょう」（奥田一九六九／二〇〇一：140、川崎一九九四：295、笠木一九九五への投稿、鳥越一九九八：178）

b．「パーマネントをかけ過ぎて／みるみるうちにハゲ頭／ハゲた頭に毛が三本／ああ恥ずかしい　恥ずかしい／パーマネントは止めましょう」（川崎一九九四：295）

c．「パーマネントを掛けすぎてェ、みるみるうちに禿あたまァ、ウチの母ちゃん毛が三本！」（飯島二〇一九：42）

〈解説〉

・（元歌について）「日支事変が始まると直ぐ精力的に時局歌、愛国歌を一般から懸賞募集し、制定合戦を繰り広げて戦意を煽ったのは大手新聞各社と日本放送協会・雑誌社・レコード各社等のマスコミだった。東京朝日、大阪朝日新聞社が昭和一二年（一九三七）一一月二〇日付の社告で『皇軍大捷の歌』の懸賞募集を発表した。募集規約の一項に『北支事変勃発から南京攻略に至る主な戦歴を詠い込む』があったため、七章から成る当選歌は出征から北支、江南と戦い、あるいは空中で戦う航空隊の戦歴等も織り込み、南京陥落で終章した。当選作詞者の福田米次郎（本名・末次）は二八歳の大阪のサラリーマンだったという。南京陥落という日本陸軍の意気が絶頂の時期の作品だけに、明るく弾んだ曲調である」（長田二〇一五：507）。

・「太平洋戦争中、『贅沢は敵だ』という標語がありました。ジャズレコードは禁止され、兵器を作る材料の金属を集めるため、国の命令で寺の鐘までが召し上げられました。パーマネントなどの調髪用電熱器も電気を節約する方針のもとに使用を止められ、服装も男子は国民服、女子は長袖《（ママ）》はいけないと、お調子者のおばさん連中がその運動を進めるため、ハサミを手に銀座へ繰り出したりしました。この軍歌の替え歌もその頃のもので、子供も、パーマネントの女性を見かけると、この歌をうたったりしました。そんなとき、誰かが、『贅沢は敵だ』のなかに一字書き足して『贅沢は素敵』としたという話を聞いたことがあります」（川崎一九九四：296）。

・「今にして思うと、これは子ども自身が作り出した替え歌ではなく、たとえば軍国主義にこりかたまった先生かだれかが作って、子どもたちに歌わせたのが始まりだったのではないだろうか」（鳥越一九九八：179）。

⒃「僕は軍人大きらい」

僕は軍人大きらい
今に小さくなったなら
おっかさんに抱かれて　チチ飲んで
一銭もらって　飴買いに

（沖縄…船越一九八一：225、笠木一九九五：15、鳥越一九九八：194）

日本海軍

大和田建樹　作詞
小山作之助　作曲

しーめん　うみもてかこまれし
わがしきしまのー　あきつしま
ほかなるてーきを　ふせぐには
りーくにほうだい　うみにふね

元歌

「日本海軍」（一九〇五年、詞：大和田建樹）

「四面《しめん》海もて囲まれし／わが「敷島《しきしま》」の「秋津洲《あきつしま》」／外《ほか》なる敵を防ぐには／陸に砲台海に艦《ふね》」

類歌

a．「僕は軍人大好きよ／いまに大きくなったらば／勲章つけて剣さげて／お馬にのってはいどうどう」（発表年不明－一九三七年以前、詞：水谷まさる）

b．「ボクハ軍人大キラヒ／今ニ小サクナツタナラ／オツカチヤンニ抱カレテ／チチノンデ　オナカノ中ニ／キエチヤウヨ」（山中一九八二：251、笠木一九九五：15）

c．「ボクは軍人大きらい／いまに小さくなったなら／お母ちゃんに抱かれて乳のんで／お膝でスヤスヤねんねする」（神戸市…澤地一九八九：14、笠木一九九五：15）

d．「僕は軍人大嫌い／いまに小さくなったなら／お母ちゃんに抱かれて乳呑んで／お膝に乗ってネンネする」（野村一九九一：8）

e．「ドンドン　ドンガラガッタ　柿の種／おんまい橋の看護婦は／朝飯《あさめし》ご飯が南京米《なんきんまい》／おかずは　去年の古たくあん」（加太一九六五：86、有馬二〇〇〇：167）

f．「鉄腕石拳　意気衝天　われら少年　たたかわん／生まれ育った　わが大地　遊びまわった　山や川／体をきたえ　心をもやし　奪われた祖国を　取りもどせ」（笠木一九九九：10－15）

g.「われらは朝鮮人民革命軍　革命のために戦う赤き戦闘員／われらの闘争綱領は正しいから　綱領を貫徹し力の限り戦おう」（辻田二〇一四：106）

h.「直隷の歴史を遡れば、最古の戦場のひとつ涿鹿《たくろく》がある。獯鬻《くんいく》を打ち破り蚩尤《しゆう》を滅ぼし、歴史にその名を輝かした。（後略）」（辻田二〇一四：114）

〈解説〉

・（元歌について）「この唄は、日露戦争の開戦が迫り、風雲急を告げる明治三七年（一九〇四）一月、大阪および東京の開成館から単行本として発行された。二〇節ある歌詞の中の「　」は当時手持ちの軍艦名をすべて詠み込んだ珍しい趣向をもった軍歌で、国防軍事力を謳歌する上で大いに役立った。メロディが単純だったので、明治末期の少年達は、この唄によって日本の軍艦の名を覚えていた。この曲は四分の二拍子で長音階のヨナヌキ音階ながら、終止符が「ド」ではなく「ソ」である点がユニークだ。これは「ド」にするより、民謡音階に馴染んでいる一般の日本人に可成りの親しみを持たせた効果があった様である。これが人気を博したのだろうか、その後多くの歌詞をあてはめた替え歌が歌われた。例えば明治・大正の演歌「ああ金の世や」「新馬鹿の唄」、童謡「僕は軍人大好きよ」、反日をアイデンティティーにする北朝鮮の革命歌謡「朝鮮人民革命軍」等は、この旋律を借用している」（長田二〇一五：106）。

・「子どもたちには、戦争反対の考えや、軍国主義に反抗しようなどという意図も言葉もない。だが、替歌を作る遊びとパワーはあったのです。この替歌も替歌のセオリーで、反対言葉にしてやれ、といった、ことば遊びから生れたものだろう。が、出来てみると、どこかで戦争はイヤだと思っている子どもたちの心にピタッと来るものがあって、全国のあちこちへ伝わっていったのに違いない。（中略）戦争で逃げ場を失った、兵隊や子どもたちの、最後の逃げ場所は、お母さんのオナカの中に違いない。困ったとき、ぼくらは、そこに逃げこみたいのだ。そんなぼくらの中にある、ぼくらの本能と願望をこの替歌はハッキリさせている。遊びで作った替歌が、結果としてではあっても、あの戦争で生れた替歌の中でも、もっとも次元の高い反戦歌になってしまったことに、ぼくは大きな拍手を送りたい」（笠木一九九五：15）。

・「ぼくが、いまでも感心するのは、『ぼくは軍人』の替え歌だ。まるっきり反対のものにしてしまった子どもたちの知恵だ。ここでは、決して反戦とか、軍国主義への反抗とかいう言葉は用いまい。子どもたちにとって、まだ、これほどの意識はなかったし、ただ、言葉を反対のものにひっくりかえすだけで、よろこんでいたと思う。ただし、その潜在意識に、もし反軍思想ありというのだったら、それは心理学の分野で、ぼくにはわからない」（船越一九八一：224－225）。

・（eについて）「おんまい橋は御厩橋《おんまや》のこと。加太こうじは、関東大震災の前年におぼえたという。広目屋とともに町まわりをしていた楽隊が奏するジンタが、このメロディを鳴らすと、やけに太鼓をたたくので、ドンドンガラガッタと聞こえ、それに合わせて柿の種という文句をつけた」（有馬二〇〇〇：167－168）。

・（fについて）安昌浩の作詞による「少年行進曲　소년 행진가」。訳詞は笠木透。辻田（二〇一四）によれば、主に一九一〇年代に日本からの独立を目指す「独立軍」と総称される武装組織の中で歌われた「少年軍歌」（「雄々しく勇ましいわが少年よ。新しき国の主人公となったわれらだ。われらも湧き立つ血を冷まさずに、敵どもの地にいざ攻め込もう」）も「日本海軍」の替え唄だったとされる（訳詞者不明、111頁）。安の「少年行進曲」と「少年軍歌」との関係性についてはまだ解明できていない。

・（gについて）朝鮮民主主義人民共和国（北朝鮮）で現在「朝鮮人民革命軍」として歌われている。「北朝鮮では建国の父・金日成が抗日革命闘争の最中に自ら作詞・作曲した「不朽の古典的名作」といわれる。そんな歌が実は日本の軍歌の替え歌だったというのだから驚きだ」（辻田二〇一四：107）。

辻田（二〇一四）には、「日本海軍」の替えうたとして他にも、巌谷小波が一九〇四年に発表した「広瀬中佐」（「神州男児数あれど、男児の中の真男児、世界に示す鑑とは、広瀬中佐が事ならん」）、一九〇四年に「平民新聞」第五七号に発表された「社会主義の歌（富の鎖）」（「富の鎖を解き棄てゝ、自由の国に入るは今、正しき、清き、美しき、友よ手を取り立つは今。」）、日露戦争後に演歌師の添田唖蝉坊が作った演歌「あゝわからない」（「人は不景気々々と　泣き言ばかり繰返し／年が年中火の車　廻してゐるのがわからない」が紹介されている（108－109頁）。このうち「社会主義の歌（富の鎖）」は本書193頁に収載。

・（hについて）中国における「日本海軍」の替え歌。「日清戦争後、近代化を進める中国では「学堂楽歌」と呼ばれる学校用の歌曲が多数作られた。清朝から中華民国成立後の一九二〇年代末にかけて、一三〇〇曲余りもの歌が出版されたという。日本の唱歌が手本とされたため、その替え歌《（ママ）》が大変多かった。（中略）作詞者は、一九〇二年から翌年にかけて日本に留学した沈心工。「日本海軍」の譜面は一九〇一（明治三十四）年の『新撰国民唱歌』第五集に出ていることから、この歌集を日本で入手して持ち帰った可能性がある。沈は帰国後、上海の南洋公学付属小学校に勤めながら、学堂楽歌の代表的な作者となった」（辻田二〇一四：114－115）。

(17)「負けて来るぞと勇ましく」

負けて来るぞと勇ましく
誓って国を出たからは
手柄なんぞは知るものか
退却ラッパ聞くたびに
どんどん逃げ出す勇ましさ

勝って来るぞと勇ましく

誓って国を出たからは
手柄たてずに支那料理
進軍ラッパ聞くたびに
まぶたに浮かぶ支那料理
（山中一九八二：253、倉本一九八四：87、笠木一九九五：6、
有馬二〇〇三a：285）

元歌

「露営の歌」（一九三七年、詞：藪内喜一郎）

「一、勝って来るぞと　勇ましく／誓って故郷《くに》を　出たからは／手柄たてずに　死なりょうか／進軍ラッパ　聴くたびに／瞼《まぶた》にうかぶ　旗の波／三、弾丸《たま》もタンクも　銃剣も／しばし露営の　草枕／夢に出て来た　父上に／死んで還《かえ》れと　励まされ／さめて睨《にら》むは　敵の空」

露営の歌
藪内喜一郎　作詞
古関裕而　作曲
か　っ　て　ー　く　る　ぞ　と　い　さ　ま　し　く　ー
ち　か　っ　て　く　ー　に　を　で　た　か　ら　は
て　ー　が　ら　た　て　ず　に　し　な　りょ　う　か
し　ん　ぐ　ん　ラ　ッ　パ　ー　き　く　た　び　に
ま　ぶ　た　に　う　ー　か　ぶ　は　た　の　な　み

類歌

a．「負けて来るぞと情なく／しょぼしょぼ国を出たからは／手柄などとは、おぼつかない／チャルメルラッパ聞くたびに／瞼にチラチラ敵の剣」（沖縄：船越一九八一：227）

b.「買ってくるぞと勇ましく／誓って家を出たからにゃ／買わずに家に帰らりょか／闇市うろうろしながらも／瞼に浮かぶ山の神」（福島…鵜野への私信）

〈解説〉

・（元歌について）「日支事変が勃発すると各新聞社等のマスコミは挙って、沢山の時局歌・愛国歌を募集選定した。その先陣を逸早く行なったのが、昭和一二年（一九三七）九月初旬の『進軍の歌』で、東京日日新聞（現・毎日新聞）、大阪毎日新聞が中国大陸席捲を意図して公募した。「露営の歌」はその時の入選第二位の軍国歌謡で、選者の一人北原白秋が推奨し、それに拠って当選したという。（中略）『進軍の歌』の裏面に組合わされて一〇月に発売した。戦場に在って生きている実感をにじませた哀調あふれる裏面の方のこの唄に大衆は飛び付き、発売後僅か半年で忽ち六〇万枚を売るレコード界の新記録を作る大ヒットになり、軍国歌謡の最大傑作の一つと称された。（中略）〽死んで還れと励まされ……に当時の出征兵士を持つ父親の心情が吐露されていた」（長田二〇一五：501－502）。

・「あの戦争中に、もっともうたわれた軍歌、戦時歌謡のひとつ。この歌は、出征兵士を駅に送るときに、必ずといっていいほどうたわれました。ぼくら少国民も、日の丸の小旗をふって、行列のあとからついて行ったものです。駅に着くと、出征兵士は、『〇〇君、萬歳！』と、万歳を三唱され、車中の人となったのです」（笠木一九九五：6）。

・（冒頭の替え唄について）「この替歌《ママ》には、一番、二番、それぞれに替歌づくりのセオリーがあります。一番は、なんでも反対語にしてしまう、という作り方です。元歌が権力や、力の強い立場からの歌であればあるほど、その反対表現はより効果を上げることでしょう。勝つ↓負ける、手柄たのむ↓知らん、進軍ラッパ↓退却、としておいて、どんどん逃げだす勇ましさという、逆説が鋭くきいているのです。子どもたちに深いイミがあったのではなく、あそびはんぶんで反対表現をして、最後にこうまとめたら、大人がドキッとするような、結果として思想的な歌になってしまったのです。

二番は、歌詞のある部分を、ひとつの単語に固定してしまう、という作り方です。当時の子どもたちは、死なりょうかが、支那料理に聞えたらしい。ぼくは、聞き違いから生れた替歌をたくさん知っているのだが、これもそのひとつ。

こうなったら、元歌の三行目と、五行目の後半を、『支那料理』に固定してしまうと、なんともナンセンスでおかしい替歌が出来上がるというわけです」(笠木一九九五：7)。

(18)「道は六百八十里」

道は六百八十里
長門《ながと》の浦でひるねして
ねずみにキンタマかじられて
ねこのおかげで助かった
(山中一九八二：253、有馬二〇〇〇：351)

元歌
「道は六百八十里」(一八九一年、詞：石黒行平)
「道は六百八十里／長門《ながと》の浦を船出して／はや二年《ふたとせ》を故郷《ふるさと》の／山を遥《はる》かに眺むれば／曇り勝なる旅の空／晴らさにゃならぬ日《ひ》の本《もと》の／御国《もくに》の為と思いなば／露より脆《もろ》き人の身は／ここが命の捨てどころ／身には弾傷《たまきず》　剣傷《つるぎきず》」

道は六百八十里
(兵隊ぶし)
石黒行平　作詞
三善和気　作曲
みちはーろっぴゃくはちじゅうり
はやふたとせをーふるさとの
小音符は原作
ながとのうらをーふなでして
やまをーはるかにながむれば

〈解説〉
・(元歌について)「元来、永井建子《けんし》が作曲し、明治二四年(一八九一)五月号の『音楽雑誌』に発表した。それが難し過ぎて一般に馴染めなかったため歌われず、何時の間にか明治三八年（一九〇五）に『学校及家庭用言文一致叙事唱歌』の第一篇として作られた。三善和気《かずおき》作曲の『出征』の旋律を借りて歌い出し、『兵隊ぶし』として流行するという、異例の伝播をして広まった。このメロディを行軍しながら何回も繰り返して歌える様、半終止の音で終わる様に変更されている。この唄は、〽長門の浦で昼寝して　鼠に何とかかじられて…の替え唄が広く歌われた」（長田二〇一五：33）。

(19)「見よ東条の禿げ頭」

見よ東条の禿げ頭
蠅がすべって止まれない
天地が滑って止まれない
とまらにゃ成らない大使命
行け白髪にしがみつき
輝く髭の　白米は
百姓たちより　むしりとる
我が日本の　誇りなり
（笠木一九九五への読者投稿）

元歌
「愛国行進曲」（一九三七年、詞：森川幸雄）

愛国行進曲
森川幸雄　作詞
瀬戸口藤吉　作曲

みよとうかいの　そらあけて　きょくじつ
たかく　かがやけば　てんちの　せいき
はつらつと　きぼうは　おどる　おおやし
まおお　せいろうの　あ
さ　ぐもに　ー　そびゆる
ふじの　すがたこそ　きんおう　むけつ
ゆるぎなき　わが　にっ　ー　ぽんの
ー　ほこ　りなれ　ー

「一、見よ東海の空明けて／旭日《きょくじつ》高く輝けば／天地の正気溌剌《はつらつ》と／希望は躍《おど》る大八洲《おおやしま》／おゝ清朗《せいろう》の朝雲に／聳《そび》ゆる富士の姿こそ／金甌《きんおう》無欠《むけつ》揺《ゆる》ぎなき／わが日本の誇りなれ／
二、……臣民我等皆共に／御稜威《みいつ》に副《そ》はん大使命……」

類歌

a．「見よ　とうちゃんの禿頭／旭日高く輝けば（以下不明）」（加太一九六五：85）

b．「貧民われら　みな共に／水を飲んで大悲鳴（以下不明）」（加太一九六五：85）

c．「見よ　東条のはげ頭／旭日高く輝けば／天地にぴかりと反射する／蠅がとまればつるとすべる／おお清潔にあきらかに／そびゆる禿の光こそ／戦争進めゆるぎなき／わが日本のご同慶」（加太一九七一：51、鳥越一九九八：185、有馬二〇〇〇：327）

d．「見よ　東条のはげ頭／ハエがとまれば　ツルッと滑る／滑って止って　また滑る／止って　滑ってまたとまる／おお　テカテカの禿頭／そびゆる富士も　眩しがり／あの禿どけろと　口惜し泣き／雲に隠れて　大むくれ」（有馬二〇〇〇：327）

e．「見よ　ぶっかけの　皿あけて／まだ食い足りぬ　芋の粥／哀れな児らに　ハラハラと／涙は落ちる　親同士／おお欠乏の　朝ごはん／そびゆる富士の　姿ほど／米味噌積んで　ゆるぎなき／わが日本に　早くなれ」（澤地一九八九：52、有馬二〇〇〇：327）

f．「見よ　東條の禿げ頭／物価は高く金はなく／亭主のベント（弁当）空っぽで／女房嘆くやかましや」（有馬

二〇〇〇：327）

g．「見よ　父さんのはげあたま／ハエがとまれば　つるりッとすべる／よくよく見たら毛が三本」（有馬二〇〇〇：327）

h．「ああ　父さんのはげ頭／旭日たかく輝けば／頭の上で運動会／滑ってころんで一等賞」（有馬二〇〇〇：327）

i．「見よ　トウキョウのポテト焼き／油であげてゴマふって／一銭二銭と買いにくる／小父さん小母さんに忙しい／早く買いたいポテト焼き」（有馬二〇〇〇：327）

〈解説〉

・（元歌について）「昭和一二年（一九三七）九月二五日、中国大陸での戦争が本格化して行った事に対応して、国民思想統一指導と広報活動を積極的に行って戦時体制を確立する一環のために設置された内閣情報部の官制が交付された。（中略）その手始めとして当時大いに叫ばれ始めた国民精神総動員の趣旨に添った威厳のある第二の国歌となる様な国民全体が永遠に愛唱出来る、新しい愛国歌『愛国行進曲』を懸賞募集して選定した。（中略）この唄は、出征兵士を送る時に歌ったのみでなく、学校や職場での儀式や集合の際にも歌い、戦争中は何かと言えば歌わされた曲である。意図的に企画され、国の力と肝煎りで作ったおしきせの唄だったのに、この明るい希望を内蔵した歌詞と心躍る曲は想定以上に浸透していった」（長田二〇一五：499）。

・（eについて）高見順の日記のなかに、戦争末期、東京の荻窪で聞いたと記録されているという。「元歌の美辞麗句の空疎な精神主義に比べて、富士山の高さにまで食糧を積み上げて《食糧立国》をはかろうという《愛国心》の、なんとナイーブなことでしょうか」（澤地一九八九：54）。

（20）「若い元気な小母さんが」

若い元気な小母《おば》さんが
七つ八つの子供を連れて
今日も行く行く買出し部隊
帰りに巡査にとっつかまっちゃった
（横浜市…笠木一九九五への投稿）

元歌「若鷲の歌」（一九四三年、詞：西條八十）
「若い血潮の「予科練《よかれん》」の／七つ釦《ぼたん》は　桜に錨《いかり》／今日も飛ぶ
飛ぶ　霞ケ浦《かすみがうら》にゃ／でかい希望の　雲が湧く」

類歌
a．「（前半二行不明）今日も行く行く　買出し部隊／でっかい袋
の　イモ背負って」（桐生市…笠木一九九五への投稿）

〈解説〉
・（元歌について）「予科練」とは海軍の航空隊甲種予科練習生の通称で、「時代のホープとして青少年の憧れの的になった」（長田二〇一五：190）。「若鷹の歌」は一九四三（昭和一八）年九月封切の戦意昂揚映画「決戦の大空へ」の主題歌で「予科練の歌」として親しまれた。この年の六月、詩人の西條八十は、作曲家の古関裕而、ディレクターの川崎清とともに「一日土浦の海軍航空隊に出掛け、西條は予科練習生達の血の出る様な訓練を実地に見学。〈若い血潮の予科練の……の唄の出だしが口をついて出て『若鷹の歌』を作詞した」（長田二〇一五：190）という。

若鷲の歌
（予科練の歌）
西條八十　作詞
古関裕而　作曲
わ か い ち し お の よ か れ ん の
な な ー つ ボ タ ン は さ く ら に い か ー り
きょう ー も ー ー と ぶ と ー ぶ か す み が う ら にゃ
で か い き ぼ う の く も ー が わ ー く

第二章　唱歌・童謡・わらべうたの替え唄

（1）「青葉茂ちゃん」

青葉茂ちゃん昨日は
いろいろお世話になりました
わたくし今度の日曜日
東京の女学校へまいります
皆さんよくよくお勉強
なさって下さい頼みます
（山口県…川崎一九九四：286、鳥越一九九八：53）

元歌
「湊川（桜井訣別）」（一八九九年、詞：落合直文）
「青葉《あおば》茂《しげ》れる桜井《さくらい》の／里のわたりの夕まぐれ／木《こ》の下陰《したかげ》に
駒《こま》とめて／世の行く末をつくづくと／忍ぶ鎧《よろい》の袖《そで》の上《え》に／

青葉茂れる桜井の

落合直文　作詞
奥山朝恭　作曲
あーおばしげれる　さくらいの　さーとのわたりの
ゆうまぐれ　このしたかーげに　こまとめて
よのゆくすえをー　つくづくと　しーのぶ　よろいの
そでのえ　に　ちーるは　なみだか　はたつゆか

散るは涙かはた露か」

類歌

a．「アホな茂ちゃん昨日《さくじつ》は／いろいろお世話をかけました／私はこんどの日曜日／東京の女学校をスベります（阪田一九九〇：95）

〈解説〉

・元歌は、上笙一郎によれば「明治期より第二次大戦期までは知らぬ人のなかった歌」とされ、中世の軍記物語『太平記』の英雄のひとり楠正成《くすのきまさしげ》とその子正行《まさつら》をうたっている。「湊川」の詞は一八八七（明治二〇）年頃に発表され、作詞者は落合直文とされているが、原作者ないしは共作者がいるとの説もある。全体は「桜井訣別」「敵軍襲来」「湊川奮戦」の三部で構成されており、もっとも人口に膾炙したのは「桜井訣別」で、描かれているのが再会を期待し得ぬ親子別れの哀切的な場面であったということも手伝っているのではと見なされる。「湊川」には少なくとも二つの曲譜があり、第一は奥山朝恭作曲の『湊川』（一八九九）、第二は山田正雄作曲の『楠公の歌』（一九〇一）であるが、長く歌い継がれたのは奥山の曲であったとされる（上二〇〇五：381－382参照）。

・（冒頭の替え唄について）「これは出だしだけが元歌をもじり、あとは自由に作詞されたケースで、こういう替え歌《（ママ）》もあるわけです。お手玉歌でひろく全国で歌われていたもののようです」（川崎一九九四：286）。
「全体の文脈が手紙文になっているのが大きな特色で、多分これは小学校の六年生あたりで女生徒のみに課せられていたペン習字と無関係ではないだろう。そのためか、この替え歌は圧倒的に女の子のあいだで歌われていた…（後略）」（鳥越一九九八：53）。

・（aについて）「本歌ができたのは明治三二年だが、替歌の歌詞は昭和初期・大阪製のにおいがする」（阪田一九九〇：95）。

（2）「朝の四時ごろ」

朝の四時ごろ空《から》弁当下げて
家を出ていく親父の姿
ズボンはボロボロ　モモヒキはいて
あゝ　あわれな親父の姿

（笠木一九九五：23）

元歌

「スキー」（一九四三年、詞：時雨音羽）

「山はしろがね朝日を浴びて／すべるスキーの風きる速さ／飛ぶは粉雪《こゆき》か舞たつ霧か／おおおこの身も駆けるよ駆ける」

類歌

a.「朝の四時ごろ　空弁当下げて／家を出ていく　親父の姿／パンツはボロボロ　中身が見える／あゝ　あわれな親父の姿」（笠木一九九五：23）

b.「朝の四時ごろ　弁当箱下げて／うちを出ていく　おやじの姿／

スキー

時雨音羽　作詞
平井康三郎　作曲
や　ま　は　し　ろ　が　ね　あ　さ　ひ　を　あ　び　ー　て
す　べ　る　ス　キ　ー　の　か　ぜ　き　る　は　や　さ
と　ー　ぶ　は　こ　ゆ　き　か　ま　い　た　つ　き　り　か
お　お　お　こ　の　み　も　か　け　る　よ　か　け　る

靴は底抜け（ボロボロ） 地下足袋はいて／帽子も底抜け 頭（顔）は百ワット」（有馬二〇〇〇：356）

c.「朝の五時ごろ 弁当箱下げて／どこへ行くのか 半熟先生（うちを出ていく おやじの姿）／弁当のおかずは梅干し一個（弁当の中身は 麦飯こんこ）／持ってるお金は おもちゃの一円（おお 哀れな おやじの姿）」（有馬二〇〇〇：356）

〈解説〉

・元歌は、時雨《しぐれ》音羽作詞・平井康三郎作曲で『初等科音楽（四）』（一九四二）に発表された。戦時下に刊行され軍歌的唱歌が数多く収められている『初等科音楽』の中にあって、スキーの軽快な楽しさをうたったこの歌はひときわ新鮮であったとされる（上二〇〇五：206参照）。

・（冒頭の替え唄について）「戦争中から戦後にかけてうたわれた替歌《（ママ）》の中で、この歌ほど、ぼくらをはげまし、心をいやし、明日に生きる希望をあたえてくれたうたを、今のところ、他にぼくは知らない」（笠木一九九五：23）。

（3）「いちにと　らんらん」（わらべうた）

いちにと　らんらん　らっきょ食って　しっし
しんがらもちゃ　きゃっきゃ　キャベツでホイ
さよなら三角　またきて四角
四角は豆腐　豆腐は白い……
（笠木ファイル）

類歌

a．「さよなら三角　また来て四角／四角は豆腐　豆腐は白い／白いは兎　兎ははねる／はねるはノミ　ノミは赤い／赤いはホウズキ　ホウズキはなる／なるは屁　屁はくさい／くさいはだーら（＝人糞肥料）だーらはかつぐ／かつぐは水　水はのむ／のむは酒　酒は酔う／酔うは船　船ははしる／はしるは電車　電車ははやい／はやいは飛行機　飛行機はとぶ／とぶはトンボ　トンボはとまる」（一九二〇年宮城県栗原郡岩ヶ崎生まれの女性…みやぎ民話の会一九九一：80-83）。

b．「いちにと　らんらん／らっきょ食って　しっし／しんがらもちゃ　きゃっきゃ　キャベツでホイ／さよなら三角　またきて四角／四角は豆腐　豆腐は白い／白いはウサギ　ウサギは跳ねる／跳ねるはカエル　カエルは青い／青いはバナナ　バナナはむける／むけるはおゝチンコ　チンコは長い／長いは煙突　煙突は黒い／黒いはインド人　インド人は強い／強いは金時　金時は赤い／赤いはザクロ　ザクロは割れる／割れるはおゝマンコ」（笠木ファイル）

c．「さよなら三角　またきて四角／四角はトーフ　トーフは白い／白いはうさぎ　うさぎははねる／はねるはかえる　かえるは青い／青いはバナナ　バナナはむける　むけるは〇〇〇」（笠木が子どもの頃にうたっていた唄…笠木一九九九：120）

d．「イロハニ　コンペイトー　コンペイトーはあまい／あまいはお砂糖　お砂糖は白い／白いは雲　雲ははやい／はやいは汽車　汽車は黒い／黒いはけむり　けむりは軽い／軽いは石油　石油は高い／高いは富士山　富士山は遠い／遠いは東京　東京はえらい／えらいは天皇　天皇は人間／人間はわたし」（朝鮮の国民学校の生徒たちがうたっていた唄。笠木一九九九：120）

〈解説〉

・しりとり遊びのわらべうた。したがって特定の元歌があるわけではない。北原白秋編『日本伝承童謡集成3』（一九七五）には「左様なら三角　また来て四角／蛙が鳴くから　かあえろ」（千葉）が紹介されている（388頁）。類歌bやcのようなエッチな唄も男の子たちの間で歌われていたようだ。

・（dについて）「なんという見事で素晴らしい抵抗でしょう。天皇を人間に格下げし、私と同じだとは。あの、天皇は神とされ、不可侵の存在として、神聖化されていた時代に、朝鮮の子どもたちは、こんな歌をうたっていたのです。朝鮮語は禁止されていたから日本語です。一九三〇年代、朝鮮の国民学校の生徒たちがうたっていたもの。朝鮮では『コリタギ（しりとり歌）』という。この歌こそ、反日、抗日のうたの代表でしょう」（笠木一九九九：121）。

（4）「お手テンプラ」

お手テンプラつないデコチン
野道をゆけバリカン
皆かきくけコンニャク
煮豆にらっきょ
うたをうたえば
腹がヘルンペン
（有馬二〇〇〇：355）

靴が鳴る

清水かつら　作詞
弘田龍太郎　作曲

1. おてーて　つないで　のみーちをー　ゆけーば
2. はなーを　つんでは　おつーむにー　させーば
みんーな　かわーいい　ことりにー　なって
みんーな　かわーいい　うさぎにー　なって
うた　を　うたーえば　くつーが　なる
はね　て　おどーれば　くつーが　なる
1.2. はれた　みそーらに　くつーが　なる

元歌
「靴が鳴る」（一九一九年、詞：清水かつら）
「お手手つないで　野道を行けば／みんな可愛い　小鳥になって／唄をうたえば　靴が鳴る／晴れたみ空に　靴が鳴る」

類歌
a．「お手テンプラ食べすぎて／エノケン先生にみてもろた／ああもうだめだ／肺炎・肋膜・十二指腸／あしたは悲しいお葬式／葬式まんじゅう出るだろか」（鳥越一九九八：98、有馬二〇〇〇：355）
b．「お手テンプラ　つないデコちゃん／野道を行け　バリカン／みんなかわいい（カッパ）／コンニャクまるめてラッパ／ハゲた頭に　トンボがとまる」（有馬二〇〇〇：355）

〈解説〉
・元歌は少女雑誌『少女号』の一九一九年一一月号に清水かつらの詩が発表され、同じ年のうちに弘田龍太郎によって作曲された。「着物に三尺帯と下駄というのが日本の大多数の子どもの服装だった大正中期に、近代的市民生活のシンボルとでもいうべき洋服・革靴の子どもたちを登場させ、彼らが春の野原を歩み遊ぶ楽しさをうたって澱みなく、加えて作曲者が『爽快に（行進曲の拍子にて）』と指定している旋律の軽快さが、この童謡をきわめて明るいものにしている」（上二〇〇五：126）。

(5)「君が代は」

君が代は
今も昔も
人の意志を
縛りにかけて
有無を言わさず
（笠木ファイル）

元歌
「君が代」（一八八〇年初演、古歌）
「君が代は／千代に八千代に／さざれ石の／巌となりて／苔のむすまで」

類歌
a．「Kill me got your War／Cheney,Yah Cheney／Thousand legion issue now／It was ought to return／Corps came and knock, Bush madding」（笠木ファイル）

君　が　代

原歌　古今集
林　広守　撰曲

き み が ー よ ー は ち よ に ー ー
や ち よ に さ ざ れ い し の い わ お と
な り て こ け の む ー す ー ま ー ー で

b.「Kiss me, girl, and your old one/ a tip you need, it is years till you're near this/ sound of the dead will she know/ she wants all to not really take/ cold caves know moon is with whom mad and dead.（訳：僕にキスしたら君のその古臭いジョークにも（サヨナラの）キスをしておやりよ　君に必要な忠告をあげよう　死者たちのこの声が君に届くまで何年もかかったんだよ　国家ってのは本当に奪ってはならないものを欲しがるけどそのことに気がつく日が来るんだろうか？　冷たい洞窟だって知ってるんだ（戦争で傷つき）気が狂ったり死んでしまった人たちをお月さまはいつも見てるってことを」（歴教協二〇〇一：167）

c.「君が棒は／千代に　八千代に／爛れ／医師の／言わんとするは／後世の息子まで」（笠木ファイル）

d.「君が夜は／恥夜に　夜痴夜に／駄戯れ　よその／おなごを買いて／朝の来るまで」（「買春観光を詠める」、貝原浩一九八八：152）

e.「チンがチンは／チンヨに　ヤチンヨに／チンびれ／いつか　インポとなりて／コケタムスコのまゝで」（笠木ファイル）

f.「君との夜ごと／血濡れてやにわに／ただれ／医師のお世話となりて／腰のとろけるまで」（「君が夜話」、笠木ファイル）

g.「君が代は／千代に　八千代に／さざれ石の　ゴロゴロ／おどれ天ちゃん／うたえ天ちゃん／コケてムスまで（＊「天ちゃん」＝天皇のことか？「君が代ブギ」、笠木ファイル）

〈解説〉

・元歌の歌詞は「古今和歌集」に収められた詠み人知らずの和歌「わが君は　千代に八千代に　さざれ石の巌となりて

苔のむすまで」を改めたもの。一八七〇年九月の閲兵式で、フェントンの作曲による版が初めて披露された。現在歌われている旋律は、宮内省楽長の林広守によるもので（奥好義と林広季の合作との異説もある）、一八八〇年一一月三日の明治天皇の御前演奏が初演とされる（長田二〇一五：60を参照）。

・一九四一年四月、それまでの尋常小学校は国民学校となり教科書も改められた。『初等科修身二』では「二、君が代」として以下のように説明されている。「この歌は、『天皇陛下のお治めになる御代は、千年も万年もつづいて、おさかえになりますように。』という意味で、国民が心からおいわい申しあげる歌であります。『君が代』の歌は、昔から、私たちの先祖が、皇室のみさかえをおいのりして、歌いつづけて来たもので、世々の国民のまごころのとけこんだ歌であります。祝日やおめでたい儀式には、私たちは、この歌を声高く歌います。しせいをきちんと正しくして、おごそかに歌うと、身も心もひきしまるような気持になります。戦地で、兵隊さんたちが、はるかに日本へ向かって声をそろえて、『君が代』を歌う時には、思わず、涙が日にやけたほほをぬらすということです。また外国で、『君が代』の歌が奏されることがあります。その時ぐらい、外国に行っている日本人が、日本国民としてのほこりとかぎりない喜びとを感じることはないといいます」（山中二〇一九：24－25より引用）。

・ここに紹介した替え唄がはたしていつ頃、誰によって作られ、歌われたものなのか不明だが、主に大人たちの戯れ唄だったことは疑いない。

（6）「京の五条の」

京の五条のオンザブリッジ
グレートマンの弁慶が
ロングなぎなたふりあげて

牛若めがけてカットダウン

牛若丸はジャンプして
持ったおうぎをピッナンプ
カムカムカムとらんかんの
上へあがってハンドたたく

前やバックや右レフト
ゼアと思えば又ヒアラ
スワロのようなアクロバットロ
グレート弁慶エクスキューズミー
（有馬二〇〇〇：373）

元歌
「牛若丸」（一九一一年、作詞者不詳）
「京の五条の橋の上、／大《だい》のおとこの弁慶は／長い薙刀《なぎなた》ふりあげて、／牛若めがけて切りかかる。」

牛　若　丸

文部省唱歌
きょーうのごじょうのはしのうえ
だいのおとこのべんけいは
なーがいなぎなたふりあげて
うしわかめがけてきりかかる

類歌

a．「京の五条の橋の下／大の男のルンペンは／長いふんどしぶらさげて／ちり箱めがけてとびかかる」（有馬二〇〇〇：353）

〈解説〉

・元歌は、『尋常小学唱歌』（一九一一）第一学科用に発表され、一九四〇年頃まで載せられていた物語唱歌のひとつ。先行する唱歌として、石原和三郎作詞・田村虎蔵作曲の「牛若丸」（『幼年唱歌（二の下）』（一九〇一）があった。これは、幼い牛若丸の鞍馬山入りから源平合戦の軍功に至るすべての話を六連という長い歌詞にまとめたもので、歌詞は文語体。「それに対してこの唱歌は口語体を用いており、ドラマを牛若・弁慶の五条橋の技比べのみに限っていて、それだけに印象があざやかである。（中略）少年の牛若丸があら法師＝弁慶を打ち負かすという主題は、子どもの内心の願望に副うものだったからで、それ故にこの唱歌は長く子どもたちの支持を得たのである」（酒井・上二〇〇五：50－51）。

・（aについて）「『橋の上』を『橋の下』に歌い替え、弁慶を当時の野宿者に置き換えた」（有馬二〇〇〇：353）。

（7）「金玉は」

金玉は金といえども光りなく
玉といえども丸くなく
日陰においても色黒し
えらくもないのにひげはやし
縫目あってもほころびはなし
チョイナチョイナー

（中沢Ⅵ：48、同Ⅷ：49）

〈解説〉
・元歌不明。男性器を描写したエッチな唄。「チョイナチョイナー」は、第三章（5）の元歌「草津節」の囃し文句である。

（8）「ゴハンちゃん」

ゴハンちゃん　ゴハンちゃん
ゴハンちゃんたら　ゴハンちゃん
いっぱい御用はあるけれど
来てもくれないゴハンちゃん
（奥田一九六九／二〇〇一：280、鳥越一九九八：135）

元歌
「お母さん」（発表年不明、詞：西條八十）
「おかあさん　おかあさん／おかあさんてば　おかあさん／なんにもごようは　ないけれど／なんだかよびたい　おかあさん」

〈解説〉
・元歌は、西條八十作詞・中山晋平作曲。池田小百合「なっとく童謡・唱歌」（二〇〇九〜）によれば、中山卯郎編著『中山晋平曲目録・年譜』（一九八〇）には、発表は昭和八年九月『コドモノクニ』となっているが、昭和八年『コ

お母さん

ドモノクニ』九月号には、「お母さん」は掲載されておらず、『中山晋平曲目録・年譜』の情報は間違いということになる。また、『中山晋平曲目録・年譜』の「お母さん」には、楽譜出版、レコード番号、歌手、発売年月は書いておらず、楽譜の出版もレコードの発売もなかったようだ、と池田は見ている。

・（冒頭の替え唄について）「戦争が子どもたちに強要した多くのつらさの中で、「飢え」は食べざかり、育ちざかりの子どもにとって、最高のつらさだった。この替え歌には、その切なさがしみじみとこめられていて、二度と戦争はごめんとの思いをいっそう強くするのである」（鳥越一九九八：136）

（9）「銭湯に」

銭湯にお船を　うかばせて
　行ってみたいな　女湯へ
女湯は広いな　大きいな
　湯気がぼうぼう　立ちのぼる
湯気がぼうぼう　立ちのぼり
　どれが娘やら　ばばあやら
銭湯にお船を　うかばせて
　行ってみたいな　女湯へ
　（笠木ファイル）

う　み

林　柳波　作詞
井上武士　作曲

1. う み は ひ ろ い な お お き い な
2. う み は お お な み あ お い な み
つ き が の ぼ る し ひ が し ず む
ゆ れ て ど こ ま で つ づ く や ら

元歌
「ウミ」（一九四一年、作詞：林柳波）
「ウミハ　ヒロイナ　大キイナ／ツキガノボルシ、日ガ　シズム。
ウミハ　大ナミ、アオイ　ナミ／ユレテ　ドコマデ　ツヅクヤラ。
ウミニ　オフネヲ　ウカバシテ／イッテ　ミタイナ、ヨソノ　クニ。」

〈解説〉
・元歌は、一九四一（昭和一六）年二月発行の国民学校初等科第一学年用に発表された。池田小百合によれば、海国日本の軍国教育を徹底させる教材として企画されたが、できあがった歌は、国民学校一年生用の教材であったため、軍艦も水兵も登場しない穏やかな歌になった。そのため、今でも教科書に掲載され、歌い継がれている。昭和五二年版に「林柳波作詞・井上武士作曲」と記されている。なお昭和五五年版から「うかばして」が「うかばせて」となった（池田二〇〇九～　を参照）。

（10）「朕思わず屁をたれた」

朕《ちん》思わず屁をたれた
汝《なんじ》臣民くさかろう
国家のためだ
我慢しろ

（東京…笠木一九九五への投稿）

元の詞章「教育勅語」

「朕惟フニ我カ皇祖皇宗國ヲ肇ムルコト宏遠ニ徳ヲ樹ツルコト深厚ナリ我カ臣民克ク忠ニ克ク孝ニ億兆心ヲ一ニシテ世世厥ノ美ヲ濟セルハ此レ我カ國體ノ精華ニシテ教育ノ淵源亦實ニ此ニ存ス爾臣民父母ニ孝ニ兄弟ニ友ニ夫婦相和シ朋友相信シ恭儉己レヲ持シ博愛衆ニ及ホシ學ヲ修メ業ヲ習ヒ以テ智能ヲ啓發シ德器ヲ成就シ進テ公益ヲ廣メ世務ヲ開キ常ニ國憲ヲ重シ國法ニ遵ヒ一旦緩急アレハ義勇公ニ奉シ以テ天壤無窮ノ皇運ヲ扶翼スヘシ是ノ如キハ獨リ朕カ忠良ノ臣民タルノミナラス又以テ爾祖先ノ遺風ヲ顯彰スルニ足ラン

斯ノ道ハ實ニ我カ皇祖皇宗ノ遺訓ニシテ子孫臣民ノ倶ニ遵守スヘキ所之ヲ古今ニ通シテ謬ラス之ヲ中外ニ施シテ悖ラス朕爾臣民ト倶ニ拳々服膺シテ咸其徳ヲ一ニセンコトヲ庶幾フ

明治二十三年十月三十日　御名御璽」

類歌

a．「朕思わずへをたれた／なんじ臣民くさかろう／鼻をつまんで退避せよ／ギョメイギョジ／ブス～ン／ただいま電波を食われて故障しました／日本中飢えているのでこまります／これではこれで放送はおわりますさようなら／イヌあっチケー」（中沢Ⅶ：151）

b．「朕はおもわずへをたれた／なんじ臣民くさかろう／鼻をつまんで退避せよ／ギョメイギョジ／アナカシコアナカシコ」（中沢Ⅸ：8）

c．「御名御璽。朕思わず屁を垂れた」（飯島二〇一九：65）

d.「朕はたらふく食ってるぞ　汝臣民飢えて死ね（＊戦後、メーデーのプラカード、横浜市…笠木一九九五への投稿）

〈解説〉

・「教育勅語」、正式名称「教育ニ関スル勅語」は、一八九〇（明治二三）年に「渙発」された。「日清戦争を前にして軍国化が強まる中で、富国強兵の一環として、兵隊を強くするための基本的な精神を盛り込み、これを子どもたちに仕込んでおくことにしたのです」（山中二〇一九：13）。メロディがついているわけではないので、厳密に言えば「替え唄」ではなく「替え言葉」である。

「教育勅語」が尋常小学校（一九四一年以降、国民学校となった）の行事の中でどのように扱われていたのかが、山中（二〇一九）に詳しく紹介されている。

「さて、実際に教育勅語を子どもたちが聞くのは、宮中で行われる四大節（元旦＝四方拝、紀元節、天長節、明治節）の儀式に合わせて、各学校でも行われる儀式の場でした。この式の進行についても国民学校令施行規則に定められていました。とにかくその日はみんなよそ行きの一張羅を着て、登校します。運動場で時間つぶしして遊んでいると、『気をつけ』ラッパが鳴り響きます。子どもたちは、どこにいても気をつけの姿勢で、式場の入り口に注目します。やがて校旗を先頭に、白い布にくるまれたご真影（天皇皇后の写真）を捧持《ほうじ》した教職員、続いて紫色の袱紗をかけられた長方形の盆（袱紗の下には細長い箱に入って教育勅語が置かれている）、この列が式場へ入ると『休め』のラッパがなります。子どもたちは気を抜いて再び遊びはじめます。

このあと集合の合図で各教室に集合、そこから学級単位で式場である講堂に入ります。そのとき一礼し、以後私語は一切禁止です。式場はしーんと静まります。式の開始の宣言があり、一同最敬礼、正面講壇に飾られた天皇皇后の写真の覆いのカーテンが開けられます。このとき背伸びしてのぞいたりしてはなりません。一同最敬礼。『君が代』をうたいます。次に校長が白手袋で、黒い大きな長方形の盆に乗っている細長い箱から教育勅語を取り出し、それをひろげて厳かに「ちんおもうに……」と奉読するのを、子どもたちは直立不動の姿勢で、上体をやや前傾にし頭を垂れて聞くのです。（中略）

元旦や紀元節（二月十一日）などは寒い季節ですから、けっこうかぜをひいている子どもがいて、勅語の終わったとたん、いっせいに鼻をすする音が式場に響いたものです。勅語を聞いているときに鼻をすすったりしたら、後で大変なことになるからです」（14－15頁）。

・これほどまでに厳粛な言葉をパロディにして笑い飛ばした「替え言葉」が、おそらくは全国的に伝わっていたという事実は、驚くべき出来事と言える。もしも教師や憲兵に聞かれたらどんな痛い目に遭うか分からない。その危険を顧みず、これを唱えよう、他の子に伝えようと、子どもたちを突き動かしたものはいったい何だったのか。ちなみに、第一章で紹介した「海行かば」も、「天皇」と「屁」がセットになっていると子どもたちは喜んだようだ（「おおきみの へにこそしなめ…」）。

(11)「月夜の晩に」

月夜の晩に　火事があって
水をもってこい　木兵衛《もくべえ》さん
金玉おとして　土《どろ》まみれ
（中沢Ⅶ：155）

〈解説〉
・元歌不明。わらべうたか。ちなみに一九八〇年代には次のような、ロシア民謡「一週間」の替え唄が歌われていた。「月曜日はげりげりうんち、火曜日はかりかりうんち、水曜日はすいせんべんじょ、木曜日はもりもりうんち、金曜日はきんたまつぶし、土曜日はどでかいうんこ、日曜日はにちゃにちゃうんち」（鵜野二〇〇九a：56）。

（12）「でたでた山賊が」

でたでた山賊が
長い長いやりもって（以下不明）
（中沢Ⅵ：181）

元歌
「月」（一九一一年、作詞者不詳）
「デタデタツキガ、マルイマルイ　マンマルイ　ボンノヨウナ
ツキガ。」

〈解説〉
・元歌は、『尋常小学読本』（一九一〇）の巻二に国語教材として載せられ、翌年出た第一期の国定唱歌教科書『尋常小学唱歌』の第一学年用で作曲をほどこされ、音楽教材となった。以後、第二期・第三期はもちろん敗戦後の第四期国定音楽教科書に至るまで、およそ半世紀近く掲載されつづけてきた（古澤・上二〇〇五：240参照）。

つ　き

文部省唱歌

1. で た で た つ き が
2. か く れ た く も に
ま ー る い ま ー る い ま ん ま る い
く ー ろ い く ー ろ い ま っ く ろ い
ぼ ー ん の よう な つ き が
す ー み の よう な く も に

（13）「トーフの始めは豆である」

トーフの始めは豆である
おわり名古屋の大地震
松竹ひっくり返して大さわぎ
イモを食うこそ屁が出るぞ
（川崎一九九四：278、笠木一九九五：10）

元歌

「一月一日《いちげついちじつ》」（一八九三年、詞：千家尊福）

「年の始めの例《ためし》とて／終わりなき世のめでたさを／松竹たてて門ごとに／祝う今日こそ楽しけれ」

類歌

a.「年のはじめのためしとて／おわり名古屋の大地震／松竹ひっくり返して大さわぎ／いもを食うこそたのしけれ」
（鶴見・加太一九六二：256）

b.「年のはじめの　ためしとて／せっかく着かえた　ズロースに／小便たれて　大騒ぎ／あとの始末は　誰がする」
（奥田一九六九／二〇〇一：202、鳥越一九九八：48）

一月一日

千家尊福　作詞
上　真行　作曲

c.「年の始めに　モチくうて／おわりなきよに　下痢をして／松竹ひっくり返して／おおさわぎ／祝うきょうこそ悲しけれ（中沢V：117、同127、笠木一九九五：10）

d.「年の始めのコエかつぎ／尾張名古屋の大地震／マツタケでんぐり返して大さわぎ／あとの始末は誰がする」（橋本一九九四：38、笠木一九九五：10）

e.「年の始めに嫁もろて／尾張名古屋で子を生んで／松竹タケ子と名をつけて／祝う今日こそ誕生日（赤穂市…笠木一九九五への投稿）

f.「年の始めに嫁に行き／尾張名古屋で子を生んで／松竹太郎と名をつけた／今日はめでたい誕生日」（岐阜県神岡町…笠木一九九五への投稿）

g.「年の始めは豆ですよ／尾張名古屋の大地震／松竹ひっくり返って大さわぎ／あとの始末はだれがする」（鳥越一九九八：43）

〈解説〉

・「『一月一日』（略）は元旦に宮中で行われる四方拝（早朝、天皇が四方の諸神・山陵を拝し、五穀豊穣、天下太平などを祈る儀式）を祝う歌で、明治のころから小学校で元旦の式のときに歌うことにされていました。実に厳かな歌だったわけです。ところが、この替え歌のほうは、その厳粛をひっくり返す小気味よさがあって、私たち小学生はうれしがって歌いました。元歌よりこちらの替え歌を歌った回数のほうが多かったと思います」（川崎一九九四：278）。

・「紅白まんじゅうをもらい、ぼくらは、この替歌をうたいながら家に帰って行きました。意味も分からない教育勅語を、無理やり、不自然な姿勢で聞かされた反動で、ヤケクソ半分でこの替歌を大声でうたったものでした」（笠木一九九五：11）。

(14)「ドレミっちゃん」

ドレミっちゃん　耳だれ　目はやんめ
あたまの横っちょに　禿《はげ》がある
蝿がとまれば　ちょいとすべる
ほんとに便利な禿あたま
（加太一九七一：10、鳥越一九九八：49）

元歌
「港」（一八九六年、詞：林柳波・旗野十一郎《たりひこ》）
「空も港も夜ははれて、／月に数《かず》ます船のかげ、／端艇《はしけ》のかよいにぎやかに／よせくる波も黄金《こがね》なり」

類歌
a．「ドレミっちゃん鼻かげ目はめっかち／頭の横ちょにはげがある／はえがとまればちょいとすべる／ほんとに便利なはげ頭」（岩井一九八七：42、鳥越一九九八：49）

b.「ドレミっちゃん耳だれ目は病ン／頭の横ちょにはげがある／よくよく見れば毛が三本／見れば見るほどいい頭」
（鳥越一九九八：49）

〈解説〉

・元歌は、『新編教育唱歌集（三）』（一九〇〇）に発表された唱歌。同唱歌集（四）には中村秋香作詞・小山作之助作曲の「漁業の歌」が載っている。「日清戦争勝利直後期の海産振興への意気込みが感じられる。『漁業の歌』は港の昼の眺めをうたっているが、これは夜の港の繁盛する光景であり、貿易発展の自信を示すものであるかも。（中略）愛唱されたことは、替え歌《（ママ）》がいくつも生まれたことからも分かる」（南部・上二〇〇五：380）。

・（替え唄について）「『ドレミっちゃん』という歌いだしは、明治の中頃から昭和十年を超えるあたりまで、日本の音楽教育が『ドレミファソラシド』の音階を使っていたことからきている。つまりこの歌の音階は『ドレミミソラソ』と始まっていたので、当時の子どもたちは歌詞とともに、音階による歌も歌っていたわけである。それ以前の初期には『ヒフミヨイムナヒ』が使われ、戦時中、私たちが子どもの頃には『イロハニホヘトイ』が使われていた。したがってこの替え歌の誕生は『ドレミ』が使われていたあいだと限定できるが、その物珍しさが強かった使われはじめの頃と考えていいのではないだろうか」（鳥越一九九八：51）。

⑮「一つとせ」

一つとせ　ひともうらやむ　わがチンチン　ヨイショ
二つとせ　ふとくてりっぱな　わがチンチン　ヨイショ
三つとせ　みればみるほど　よかチンチン　ヨイショ

四つとせ　よにもすばらしい　わがチンチン

（中沢IX：40－41）

〈解説〉

・かぞえうた形式のわらべうた。特定の元歌があるわけではないため、厳密には「替え唄」とは言えない。同様のかぞえうたとして、次のような「リパブリック讃歌」の替え唄がある。「一年一組はげ頭　二年二組のホームラン　三年三組落っこって大事な金玉すりむいた」（鵜野二〇〇九ａ：56）

(16)「ぽっぽっぽ」

ぽっぽっぽ　ハト　ニワトリ
ニワトリ　糞してケツふかず
それでも玉子は　おいしいな

（笠木ファイル）

元歌

「鳩」（一九一一年、作詞者不明）

「ぽっぽっぽ　鳩ぽっぽ／豆がほしいか　そらやるぞ／みんなでなかよく／食べに来い」

鳩

類歌

a．「ぽっぽっぽ　はとにわとり／にわとりは糞して　尻はのごわん（ぬぐわない）／それでもきれいな卵産む」

（笠木ファイル）

〈解説〉

・元歌は国定教科書『尋常小学唱歌（一）』（一九一一）に発表された。文部省唱歌は作詞・作曲者を明らかにしておらず、この歌の作者も不詳だが、東《ひがし》くめ作詞・滝廉太郎作曲の「鳩ぽっぽ」（『幼稚園唱歌』一九〇一年刊）を換骨奪胎したものではないかと言われている。東の詞は以下の通り。「鳩ぽっぽ　鳩ぽっぽ　ポッポ〱と　飛んで来い　お寺の屋根から　下りてこい　豆をやるから　みなたべよ　たべてもすぐに　かえらずに　ポッポ〱と鳴いて遊べ」（山崎二〇〇五：314－315を参照）。

(17)「ポ、ポ、ポパイ」

ポ、ポ、ポパイ
ポパイのおなら
セ、セ、世界で
一番くさい
お窓をあければ

証城寺の狸囃子

野口雨情　作詞
中山晋平　作曲

黄色い煙がポッポッポ（鳥越一九九八：113）

元歌

「証城寺の狸囃子」（一九二四年、詞：野口雨情）

「証、証、証城寺／証城寺の庭は／ツ、ツ、月夜だ／皆《みんな》出て来い来い来い／己等《おいら》の友達ア／ぽんぽこぽんのぽん」

類歌

a.「処、処、処女でない／処女でない証拠には／ツ、ツ、月のものが／三月も出ない／おまけにおなかが／ぽんぽこぽんのぽん」（鳥越一九九八：113）

b.「カムカムエブリボディ／ハウドゥユドゥエンハウアユウ／ウォンチュウハヴサムキャンディー／（以下不明）」（笠木一九九五：36）

c.「Come, come, everybody, /How do you do and how are you? /Won't you have some candy / one and two and three, four, five /Let us sing a happy song, /Sing, to-ra-ra-ra!」（有馬二〇〇〇：372）

〈解説〉

・元歌は、野口雨情が雑誌「金の星」一九二四（大正一三）年一二月号に発表した歌詞を元に、中山晋平が曲作りの都合から歌詞をかなり改作して翌一九二五年に「金の星」一月号に発表した。元の歌詞は以下の通り。「証城寺の庭は月夜だ　月夜だ　友達来い　己等の友達ァ　どんどこどん」。「晋平の曲譜を収めた『童謡曲集』第一〇集に、『証城寺といふのは上総の木更津にある古刹で、この寺には、月夜の晩に狸が多勢浮れ出して謡ったり踊ったりするといふ伝説がある』と注記して」いるという（上二〇〇五：199）。

・（bとcについて）「米英音楽を追放せよ、英語を使ってはいけない、と命令した国が、戦争に負けると、どうなるか。ぼくら子どもたちは、戦争を指導してきた大人たちや、この国の、あまりの変りように、驚いたのなんのって。世の中に絶対なんてものはないんだ。いつまたひっくり返るか分ったものではない。といった、なんというか、アナーキーとも言える世界観が、ぼくらの世代にあるのは、この時代に原因があるようです。

昨日までは天皇は神だったのに、今日からは人間、昨日までは修身があり、習字があったのに、今日からはなし。昨日までは、黙って言うことをきけだったのに、今日からは、何か意見を言え、—などなど、あまりの変貌ぶりに、あいた口がふさがらなかったなァ。

そして一九四六年（昭和二一年）になると、NHKラジオから、英会話のうたが流れだす。（中略）どこかで聞いた曲だと思ったら、「証城寺の狸囃子」だった。野口雨情、中山晋平の曲です。野口雨情は、戦争中、ほとんど詩を書かず、「戦争はうたになりません」と言っていたという。一九四五年（昭和二〇年）に永眠したから、この英語の替歌を聞くことはなかった。生きていたらどう思ったことだろう。庶民の心が分る人だったから、出来ることなら、一度聞いてみたいと思うのです。大声で笑いながら、大きな瞳の奥でそうれ見ろ！と言うような気もするのですが」（笠木一九九五：36）。

・「英語の歌は一九四六年二月より、NHKで『平川唯一先生の英会話教室』として、童謡『証城寺の狸囃し』のメロディにあわせ『カムカム・エブリボディー…』の歌で始った。一九四五年より、杉山・ハリスほかの『実用英語会話』（九月）、堀越英四郎の『基礎英語講座』（一一月）が始まっていたが、NHK番組は「カムカム英語」と呼ばれ、当時の英語ブームとあいまって人気を呼び、一九五一年二月までつづいた」（有馬二〇〇〇：373）。

・「一九六〇年代、アメリカで歌手アーサ＝キットによる大衆歌謡『おなかの空いた洗《あら》い熊《ぐま》』が大流行したが、これは、曲は晋平の『証城寺の狸囃子』をそのまま、詞の方は〈狸〉を〈洗い熊〉に変えただけのものであった」（上二〇〇五：200）。

⒅「マッカッカッカ」

マッカッカッカ　空の色
おサルのおけつも　マッカッカー
（中沢Ⅸ：205）

元歌
「夕日」（一九二一年、詞：葛原しげる）
「ぎんぎんぎらぎら夕日が沈む／ぎんぎんぎらぎら日が沈む／まっかっかっか　空の雲／みんなのお顔もまっかっか／ぎんぎんぎらぎら日が沈む」

夕　日

葛原しげる　作詞
室崎琴月　作曲
1. ぎん　ぎん　ぎ ら ぎ ら　ゆう ひ が　し ず む
2. ぎん　ぎん　ぎ ら ぎ ら　ゆう ひ が　し ず む
ぎん　ぎん　ぎ ら ぎ ら　ひ が し ず　む
ぎん　ぎん　ぎ ら ぎ ら　ひ が し ず　む
ま ーっ か ーっ　か ーっ か　そ ら の く　も
か ら す よ　お ひ を　お っ か け　て
みん な の　お か お も　まっ か ーっ　か
まっ か に　そ ま っ て　まっ て こ　い
ぎん　ぎん　ぎ ら ぎ ら　ひ が し ず　む
ぎん　ぎん　ぎ ら ぎ ら　ひ が し ず　む

〈解説〉
・元歌は、児童雑誌『白鳩』一九二一（大正一〇）年一〇月号に発表された葛原しげるの詞に、室崎琴月が作曲して、一九二二（大正一〇）年一一月二二日、本郷追分の青年会館で開催された中央音楽会の演奏会で発表された（池田二〇〇九～　を参照）。

・（冒頭の替え唄について）「ほいじゃが　大丈夫かのう　心配じゃのう」「なにが　マッカッカ元帥のことか」「バカタレあんちゃんのことじゃ」「ああ　元のことか」（中沢Ⅸ：205）

(19)「もしもしかめよ」

もしもしかめよ　毛が生えた
せかいのうちに　毛が生えた
あゆみののろい　毛が生えた
どうしてそんなに　毛が生えた

（川崎一九九四：283、有馬二〇〇〇：209）

元歌
「うさぎとかめ」（一九〇一年、詞：石原和三郎）
「もしもしかめよ　かめさんよ／せかいのうちに
おまえほど／あゆみののろい　ものはない／
どうしてそんなにのろいのか」

うさぎとかめ

石原和三郎　作詞
納所弁次郎　作曲

1. もしもし かめよ かめさん よ
2. なんとー おっしゃる うさぎさ ん
せかいの うちに おまえほ ど
そんなら おまえと かけくら べ
あゆみの のろい ものはな い
むこうの こやまの ふもとま で
どうして そんなに のろいの か
どちらが さきにー かけつく か

類歌

a.「もしもし○○よ　○○さんよ／せかいのうちに　おまえほど／あたまのわるい　ものはない／どうしてそんなに　わるいのか」（鳥越一九九八：55）

〈解説〉

・元歌は、石原和三郎作詞・納所弁次郎作曲で『幼年唱歌（二編上巻）』（一九〇一）に発表された。作曲者の納所は、田村虎蔵とともに口語（言文一致）唱歌の開拓者。古代ギリシャの「イソップ寓話集」のひとつ「兎と亀」の話は、明治期には国定教科書にも掲載されて多くの子どもたちが知っていた。「そういう馴染みの話を、子どもたちが日常使っている口語体の、しかも会話態で構成してあり、加えて『グーグー』『ピョンピョン』といった日常生活的な擬音表現も用いているため、幼児にも良く分かり親しめたのである」（佐々木二〇〇五：48）。

・冒頭の替え唄は一九三〇年生まれの川崎洋が小学生の頃歌っていたもの。一方、類歌aは一九二九年生まれの鳥越信が子どもの頃に歌っていたもの。

(20)「夕焼小焼で」

夕焼小焼で　日が暮れない
山のお寺の　鐘鳴らない
戦争なかなか　終わらない
烏もお家へ　帰れない

（木乃美一九八八：87、笠木一九九五：20、関口・上二〇〇五：413）

元歌

「夕焼小焼」（一九二三年、詞：中村雨紅）

「夕焼小焼で日が暮れて／山のお寺の鐘が鳴る／お手手つないで皆帰ろ／烏と一緒に帰りましょう」

〈解説〉

・元歌は、中村雨紅作詞・草川信作曲で、一九二三（大正一二）年七月に文化楽譜『あたらしい童謡』（文化楽社）の中に収載・発表された（池田二〇〇九～　を参照）。

・替え唄の「山のお寺の鐘鳴らない」の背景には、一九四二（昭和一七）年五月に発令された金属回収令がある。「橋のらんかんについている銅の飾りから、窓の鉄格子、側溝の鉄格子のフタなど、身のまわりにある鉄や銅製品が、またたく間に取りはずされ、お寺の鐘までも供出されてしまった。（中略）この替歌《（ママ）》も、鐘があったのに、ないという事実をうたうことからはじめて、反対表現をどの行にもあてはめただけの、言葉あそびから生れたセオリー通りの替歌だが、たった四行で見事な替歌が出来あがった。こんなにも短く、こんなにも鋭く、あの戦争を表現した歌を、ほかにぼくは知らない」（笠木一九九五：21）。

夕焼小焼

中村雨紅　作詞
草川　信　作曲

(21)「我はノミの子」

我はノミの子　シラミの子
さわぐ夜中の　床の中
かゆいかゆいと　いう人は
我がなつかしき　住み家なれ

（鳥越一九九八：62）

元歌

「我は海の子」（一九一〇年、詞：宮原晃一郎）
「我は海の子白浪《しろなみ》の／さわぐいそべの松原に／煙たなびくとまやこそ／我がなつかしき住家《すみか》なれ」

類歌

a．「われはノミの子シラミの子（以下不明）」（阪田一九九〇：96）

b．「我はノミの子シラミの子／生まれたばかりでつぶされた」（鳥越一九九八：61）

われは海の子

〈解説〉

・元歌は『尋常小学読本唱歌』（一九一〇）において初めて登場、同時に作られた国定第二期の『尋常小学読本』の巻十一＝六年生用にも国語教材として登載され、以後、唱歌（音楽）科と国語科の両方で教材として用いられた。「歌詞は文語体による七・五調、海辺に生まれた男児の幼少期から青年期に至るまでの経過を海との関係において追い、物語唱歌のおもむきも持っている」（上二〇〇五：438）。

　第二次大戦後の音楽教科書においても採用されていたが、最終連（第七連）に見られる海軍的色彩を考慮して、第三連までしか載せていなかった。最終連の歌詞は以下の通り。「いで大船《おおぶね》を乗出して／我は拾わん海の富／いで軍艦に乗《のり》組《く》みて／我は護らん海の国」

第三章　大人の流行歌・民謡・外国の歌の替え唄

（1）「あの娘可愛いや」

あの娘《こ》可愛いや　パンパン娘

（中沢Ⅷ：237）

元歌

「銀座カンカン娘」（一九四九年、詞：佐伯孝夫）

「あの娘可愛いや　カンカン娘
赤いブラウス　サンダルはいて
誰を待つやら　銀座の街角
時計ながめて　そわそわにやにや
これが銀座の　カンカン娘」

銀座カンカン娘

佐伯孝夫　作詞
服部良一　作曲
あのこかわいや　カンカンむす
め　あかいブラウス　サンダルはーいて
ー　だれをまつやら　ぎんざのまちかど
とけいながめて　そわそわにやにや　これーが
ぎんーざの　カンカンむすめ

〈解説〉

・「パンパン娘」は、戦後の駐留軍兵士を主な客とする売春婦のこと。「パンパンガール」とも言う。戦後の替え唄。元歌の「銀座カンカン娘」は映画『銀座カンカン娘』（一九四九年公開）の主題歌だが、「カンカン娘」とは、映画監督・山本嘉次郎の造語であり、「パンパンガール」に対して「カンカンに怒っている」という意味が込められているとされる（CD集「懐古・昭和歌謡」曲目解説書（解説：森島みちお）より）。つまり、替え唄の方が元歌の「元祖」なのである。

（2）「イモ食えば屁が出るぞ」

イモ食えば屁が出るぞ
ズボンが破れる屁の力
ブッブッ　ブッブクブー　ブッブクブクブクブクブー
こらえてもおさえても止まらない

マメ食えば屁が出るぞ
パンツが破れる屁の力
ピッピッ　ピッピキピー　ピッピキピキピキピキピー
こらえてもおさえても止まらない

風呂に入れば屁が出るぞ

ジングル・ベル

久野静夫　訳詞
J. S. Pierpont 作曲

のをこえて　ーー　おかをこえ　ゆきをあび
そりはは し る　たからかに　こえあわせ　ー　うたえやたのしい
そりのうた　ジングルベル　ジングルベル　すずがなる
そりをーとばしてー　うたえやうたえ　ジングルベル　ジングルベル
すずがなる　うまをーとばせてー　いざうたえ

お湯がこぼれる屁の力
ボッボッ　ボッボコボー　ボッボコボコボコボー
こらえてもおさえても止まらない
（笠木一九九五：36－37）

元歌
「ジングルベル（Jingle Bells)」（一八五七年、作詞・作曲：James Piapont)
Dashing through the snow, in a one-horse open sleigh,
O'er the fields we go, laughing all the way.
Bells on bob-tails ring, making spirits bright,
What fun it is to ride and sing a sleighing song tonight.
　Jingle bells, jingle bells,
　Jingle all the way!
　O what fun it is to ride
　In a one-horse open sleigh.

〈解説〉
・「敗戦後は食べるものがなくて、ぼくらはいつもオナカがペコペコだった。空腹が何よりもつらい。ぼくらの脳裏から、あの時飢えた記憶が消えることはないだろう。ぼくらは大人たちと一緒に、山や原野を開墾し、そこにサツマイモを植えた。サツマイモがとれると、朝食も昼食も夕食もふかしイモ。ハラペコのうちは、それでも満足したが、くる日もくる日もイモとなると、イモを見ただけでゲップが出てくるようになる。あの頃、あまりにもイモを食べすぎたので、大人になってからもしばらくはヤキイモを見ても、手を出さなかったほどに、イモにはアキた。

戦争に負けて、にわかに盛んになったものに、花見と盆踊りと、町民運動会があった。そこにアメリカ文化が入ってくる。クリスマス、サマータイム、パーマネント、ダンス……と。形勢逆転してこんどは、アメリカ一辺倒になっていくのだから、日本人は、エライ。なんというノーテンキ、なんという無節操。

ラジオから「ジングルベル」が流れてくる。「カムカムエブリボディ」も「ジングルベル」も明るい唄だったなァ。イモばかりたべていると、オナラが出る。へばっかりしていたぼくらは、この「ジングルベル」を替歌にしてしまったのです。

戦争中の軍歌を替歌にしたぼくらは、戦後は、アメリカの歌を替歌にして、自らの暮らしぶりをうたったのです。大人たちの右往左往、責任もとらずに変貌していく姿とくらべると、なんという一本スジを通した生き方でしょう。これ、ぼくも含めて、当時の子どもたちの自画自賛です。笑わば笑え、ハイ」（笠木一九九五：37）。

（3）「昨日生れたブタの子が」

昨日生れたブタの子が
ハチに刺されて名誉の戦死
ブタの遺骨はいつ帰る
昨日の夜の朝帰る
ブタの母ちゃん悲しかろ

昨日生れたハチの子が
ブタにふまれて名誉の戦死
ハチの遺骨はいつ帰る
八月八日の朝帰る
ハチの母ちゃん悲しかろ

昨日生れたタコの子が
タマにあたって名誉の戦死
タコの遺骨はいつ帰る
骨がないから帰れない
タコの母ちゃん悲しかろ
（笠木一九九五：18）

元歌
「湖畔の宿」（一九四〇年、詞：佐藤惣之助）
「一、山の寂しい湖に／ひとり来たのも悲しい心／胸の痛みに堪えかねて／昨日の夢と焚きすてる／古い手紙のうす煙り／三、ランプ引きよせふるさとへ／書いてまた消す湖畔のたより／旅のこころのつれづれに／ひとり占うトランプの／青いクィーンのさびしさよ」

湖畔の宿

佐藤惣之助 作詞
服部良一 作曲

やまのさびしいみずうみに ひとりきたのも
かなしいこころ むねのいたみにたえかねて
きのうのゆめと なきーすーてーる
ふるいてがみの うすーけむーり

類歌

a．「昨日召されたタコ八が／今日のいくさで名誉の戦死／タコの遺骨はいつ帰る／骨がないから帰れない」（無着成恭が歌った…加太一九六五：90、倉本一九八四：31）

b．「ランプひきよせ　しらみとり／糸のぬい目を　よくよく見たら／でるわでるわ　ぞくぞくと（以下不明）」（長野県岡谷市の紡績女工寄宿舎の歌…加太一九六五：92）

c．「きのううまれたブタの子が／ハチにさされて名誉の戦死／ブタの遺骨はいつかえる／バカが行く行く女郎買いに／青い顔して朝帰り／みやげにもらった淋病で／痛い痛いと泣きました」（中沢Ⅴ：259、同Ⅵ：8）

d．「きのう生まれたブタの子が／蜂に刺されて名誉の戦死／ブタの遺骨はいつかえる／ああ～それはわからない～／ブタよ本当にかわいそう／バカが行く行く女郎買いに／青い顔をして朝帰り／みやげにもらった淋病に／痛い痛いと泣きました」（中沢Ⅸ：92）

e．「昨日召された蛸八は／弾丸に当たって名誉の戦死／蛸の遺骨はかえらない／骨がないからかえれない／蛸のカアチャン（かあさん）寂しかろ（悲しかろ）」（高橋一九六九：150、岐阜県神岡町…笠木一九九五への投稿）

f．「昨日生れた豚の仔が／蜂にさされて名誉の戦死／豚の遺骨はいつ帰る／四月八日の朝帰る／豚の母さん悲しかろ」（稲垣一九七六／一九九四：139－140）

g．「昨日生れた蜂の子が／豚に踏まれて名誉の戦死／蜂の遺骨はいつ帰る／四月八日の朝帰る／蜂の母さん悲しかろ」（稲垣一九七六／一九九四：140）

h.「硯ひきよせ故郷の／いろいろ便りを戦地に送る／主は離れた南の小島／弾に当って名誉の戦死／主の遺骨はいつ帰る」（稲垣一九七六／一九九四：146）

i.「キノフ生マレタ豚ノ子ハ／蜂ニ刺サレテ名誉ノ戦死／豚ノ遺骨ハ何時還ル／五月五日ノ夜還ル／豚ノ母チヤン淋シカロ」（山中一九八二：252）

j.「昨日生れたブタの子は／ハチに刺されて名誉の戦死／ブタの遺骨はいつ帰る／明日の三時ごろ（以下不明）」（桐生市…笠木一九九五への投稿）

k.「ランプ引き寄せシラミ取り／シャツの縫い目を静かに開けば／シラミ五、六匹ぅようよと／それをつかまえ相撲取らせ／負けた奴からひねり潰す」（逗子市…笠木一九九五への投稿）

l.「ランプ引き寄せシラミ捕り／シャツの縫い目をよくよく見れば／シラミ五、六匹ゴロゴロと／それを集めて相撲取らせ／負けた奴からひねり潰す」（太平洋戦争中、秋田で歌われた…有馬二〇〇三ａ：288）

m.「ランプ引き寄せシラミとり／掻いて又掻くインキンタムシ／旅の先でもさつま芋／腹の中ではガスタンク／何時か放そう宿の中」（笠木一九九五への投稿）

n.「昨日生れた豚の子は　ハチに刺されて名誉の戦死／ブタの遺骨はいつ帰る　それは明日の三時頃／ブタの母ちゃん　泣くぅだろうー」（飯島二〇一九：137）

〈解説〉

・元歌の「湖畔の宿」は、一九四〇（昭和一五）年に高峰三枝子が歌いヒットした歌謡曲。佐藤惣之助作詞・服部良一作曲。曲はヒットしたが、感傷的な曲調と詞の内容が日中戦争戦時下の時勢に適さないとして、まもなく発売禁止となった。しかし前線の兵士には人気があり、慰問でも多くのリクエストがあったという。

・「ぼくら少国民は、この静かにヒットしていた恋の歌を、遺骨のうたにしてしまったのです。センチだからと禁止された恋の歌を、戦争の悲惨さをうたう歌にしてしまったのですから、さすがです。権力は元歌は禁止したものの、この替歌(ママ)が口から口へひろがっていくことだけは止めようがなかったのです。

戦争も後半になると、ぼくらは、日の丸を持って、駅へ遺骨をむかえに行くことが多くなりました。元気いっぱい『行ってまいります』と出征していった兵隊さんが、白い布につつまれた、小さな白木の箱となって帰ってくるのです。そのうち、白木の箱には、石ころがひとつ入っていただけだそうな、とか、何も入っていなかったらしい、といったウワサ話が聞こえてきました。

そんな時代背景が、どこかに影響をあたえ、こんな替歌になったのでしょう。替歌の三番は大阪の子どもたちがうたっていたものです。ブタの子や、ハチの子の名誉の戦死を、あそび半分にうたっているうち、タコとなりタコには骨がないから、遺骨が帰ってこないという。戦争中の替歌史上、名作中の名作が出来上がったのでしょう」（笠木一九九五：19）。

・「『きのう生まれたたこ八が』って歌があるでしょう。（中略）あれは、数ある替歌の中の名作だと思うんです。あの中には縹渺《ひょうびょう》とした感じがあって、なんか戦争を遠く遠く見ている、そういう感じがあると思うんです」（鶴見一九六二：291）。

・元歌とは全く異なる歌詞がどのような経緯で生まれこの曲に付けられたのか不明。ただし、有馬敲によれば、aに登場する「タコ八」とは田河水泡の新聞連載漫画『蛸の八ちゃん』（一九三一〜一九三七）に由来するものとされる（有馬二〇〇三b：29）。

・元歌に対してではなく、戦死を賛美する現実世界の風潮に対しての「ナンセンス」と「反転」が効いている。また、同じ言葉（ブタ、ハチ、タコ）の「固定」も見られる。さらに、ブタやタコはユーモラスな存在として描かれることが多く、これらが登場することで、わが子を奪われた母親の哀しみ、やるせなさが逆に際立っている。

（4）「死に追いやられた同志よ」（台湾の替え唄「追悼歌」）

死に追いやられた同志よ　安らかに眠れ
もう祖国を憂うことはない
あなたの流した血が道を照らし
われわれの行く手を示す……

安息吧死难的同志
别再为祖国担忧
你流着血照亮的路
指引我们向前走……

（田村一九九二：178）

元歌
「幌馬車の唄」（一九三二年、作詞：山田としを）
「夕べに遠く木の葉散る
並木の道をほろほろと
君が幌馬車見送りし
去年《こぞ》の別離《わかれ》がとこしえよ」

〈解説〉

・山田としを作詞・原野為二作曲の「幌馬車の唄」は一九三二（昭和七）年にミス・コロムビアの歌でリリースされたが、あまりヒットしなかった。ところがこの歌は当時日本領であった台湾でヒットして、民衆に歌われた。アジア太平洋戦争が終わり、台湾は日本人の手から台湾人（内省人）の手に戻りかかったが、そうはならず、終戦の戦後処理と統治引継ぎのため中国国民党軍が派遣されてきて統治を始めた。その為政が腐敗にみちていたため、抵抗運動と暴動が起った。一九四七年二月二八日、ある台湾人婦人のタバコの闇販売の処置の誤りに激怒した台湾人の蜂起は一日で台湾全土に及び、大騒乱となった。これがいわゆる「二・二八事件」と呼ばれるもので、この騒乱を鎮圧するため大陸から国民党軍が大挙増派され、台湾人の知識層を始め二万八千人が処刑されたり虐殺されたりしたといわれる。その中の一人、基隆中学校校長の鐘東洪が公開処刑されることになった際、「幌馬車の唄」を歌って見送ってほしいと頼んだ。以後同じようなときに、「幌馬車の唄」で見送るのが通例となったという。

(http://www13.big.or.jp/~sparrow/MIDI-horobashanouta.html 2002/02/25 検索を参照)

・侯孝賢監督の台湾映画「悲情城市」の中で、死に赴くに際し歌った別れの歌として、獄中での元歌の合唱シーンがある。

幌馬車の唄

・「追悼歌は大陸の左翼学生がよくうたった歌だ、と林さんは静かな声でうたいだした。一九五〇年には、大陸の左翼の影響がここまでおよんでいたのだ」（田村一九九二：178）。

（5）「戦争よい事」

戦争よい事　何回でも起こせ　ドッコイショ
金のなる木がコリャ　そそりたつよ　チョイナチョイナ
（中沢Ⅷ：164）

元歌
「草津節」（作詞者不詳）
「草津よいとこ　一度はおいで　ハドッコイショ／お湯の中にもコリャ花が咲くヨ　チョイナチョイナ」

類歌
a.「クサツ　グッドプレイス　ワンスタイム　カモン　ドッコイショ／イントゥ　ザ　ホットウォーター　コーリャ／フラワ　ブロッサム　チョイナチョイナ」（有馬二〇〇〇：374）

草　津　節

群馬県民謡
く さ つ よ い と こ い ちー ど は ー お い
で ドッコイ ショ お ゆ の な か に も ー ー コ リャ
は な ー が さ く ヨ チョイナ チョ イ ナ

〈解説〉
・元歌は群馬県・草津温泉発祥の民謡。高温の湯を板でかき回して適温にする「湯もみ」で歌われる唄の一つ。囃子詞《はやしことば》が「チョイナチョイナ」の唄は、一般には「草津節」、現地では「湯もみ唄」と呼ばれ、囃子詞が「ヨホホイ」の唄は、一般には「草津湯もみ唄」、現地では「草津節」と呼ばれる。一八九七（明治三〇）年生まれの芸妓「たけじ」（大島たみ）が、〝チョイナチョイナ〟と囃す湯治客の唄を耳にし、それを整理して三味線に乗せたのが「草津節」の始まりといわれる。
・（類歌ａについて）「これも学生のあいだで、和製英語で戦時中より歌われていた。ドイツ語では『ドッカイショ／ツォイナ／ツォイナ』と歌われた」（有馬二〇〇〇：374）。

(6)「東京ブギブギ」

東京ブギブギ　心ズキズキワクワク　モチモチモチモチ　心ノモチ　東京モチモチモチヤーッ
（中沢Ｖ：132）

元歌
「東京ブギウギ」（一九四八年、詞：鈴木勝）
「東京ブギウギ　リズムウキウキ／心ズキズキ　ワクワク／海を渡り響くは　東京ブギウギ／
ブギの踊りは　世界の踊り／二人の夢の　あの歌／口笛吹こう　恋とブギのメロディー／
燃ゆる心の歌　甘い恋の歌声に／君と踊ろよ　今宵も月の下で／東京ブギウギ　リズムウキウキ／

心ズキズキ　ワクワク
／世紀の歌　心の歌
東京ブギウギ　ヘイ」

類歌

a.「広島麦めし／田舎白米バクバク／世紀の格差／心の格差／広島ブギウギ　ヤーッ／ブギウギブギウギー」（中沢Ⅷ：92、同Ⅸ：92）

〈解説〉

・元歌は一九四七年公開の映画『春の饗宴』の劇中歌で、鈴木勝作詞、服部良一作曲、笠置シヅ子の歌唱により、一九四七年発表（ただしレコード発売は翌年一月）されてヒットした、ブギのリズムによる日本の歌謡曲であり、「青い山脈」「リンゴの唄」などと並んで、戦後の日本を象徴する一曲。

東京ブギ
鈴木 勝 作詞
服部良一 作曲
とう きょ ブギウギーリズムウキウキーこころ
ズキズキワクワクー うみをわたりー ひびーくはー
とうきょうブギウギー ブギのおどりはーせかいのおどりーふたり
のゆめのあのうたー くちぶえふこー こい とー
ブギのメーロディー もゆるこころのうたあまいこいの
う たごえにー きみとおどろよー こよいもー
つきのしたでーとうきょブギウギーリズムウキウキーこころ
ズキズキわくわくー せいきのうたー こころのうたー
とうきょブギウ ギ ギ ブギウギー
おどれうたえー とうきょブギウギー ブギ
ウギー せいきのうたー うたえとうきょうブギウギー

（7）「トゥディ　アドバルーン」

トゥディ　アドバルーン　イン　ザ　スカイ
ナウ　パーハップス　イン　ザ　カンパニイ
ビジィ　ビジィと　アイ　シンク
アア　ネバー　ザ　レス　ネバー　ザ　レス
ネエ　アイ　アム　アングリィ
アイ　アム　アングリィ
イット　イズ　ナチュラリィ

（有馬二〇〇〇：373）

元歌
「ああそれなのに」（一九三六年、詞：星野貞志）
「空にゃ今日もアドバルーン／さぞかし会社で今頃は／おいそがしいと思うたに／ああそれなのに／ねえ　おこるのはおこるのは／あたりまえでしょう」

あゝそれなのに

〈解説〉
・元歌は一九三六（昭和一一）年公開の日活映画『うちの女房には髭がある』の主題歌で、星野貞志（サトウハチローの筆名）作詞、古賀政男作曲で、美ち奴が歌って大ヒットした。
・「カタカナ・イングリッシュで戦時中より学生たちのあいだで歌われた」（有馬二〇〇〇：374）。

（8）「トントントンカラリと」

トントントンカラリと　隣組
格子を開ければ　小母さんが
腰巻まくって　シラミとり
見えた見えたよ　ケバ見えた
（笠木一九九五への投稿）

元歌
「隣組」（一九四〇年、詞：岡本一平）
「とんとんとんからりと　隣組／格子を開ければ　顔なじみ／廻して頂戴　回覧板／知らせられたり　知らせたり」

隣　組

岡本一平　作詞
飯田信夫　作曲

トン　トン　トンカラリ　と　と　なり　ぐ　み　ー
こ　う　し　を　あ　け　れ　ば　か　お　な　じ　み　ー
ま　わ　し　て　ちょ　う　だ　い　か　い　ら　ん　ばん　し
ら　ー　せ　ら　れ　た　り　し　ら　せ　た　り　ー

〈解説〉

・元歌は、岡本一平作詞・飯田信夫作曲、徳山璉《たまき》の歌で一九四〇（昭和一五）年六月にＮＨＫラジオ「国民歌謡」で放送され、同年一〇月にビクターレコードから発売された。戦時体制において導入された制度の一つである「隣組」を宣伝啓発する内容の歌であり、隣組の利点などが歌詞で歌われている。

敗戦を機に隣組制度は廃止されたが、メロディが陽気であるため戦後も歌われ、「お笑い三人組」（ＮＨＫ総合テレビ）の主題歌にも使用された。一九七八年からは『ドリフ大爆笑』（フジテレビ）のオープニングテーマのメロディにも使用された。「ド・ド・ドリフの大爆笑・・・」。

(9)「パーマネントはやめましょう」

今は非常時　節約時代
パーマネントは　止めましょう
革靴はかないで　下駄はいて
お嫁に行く時ゃ　モンペ姿
アンサン待っててちょうだいネ

（鹿児島県…笠木一九九五への投稿）

元歌
「満洲娘」（一九三八年、詞：石松秋二）

満　州　娘

石松秋二　作詞
鈴木哲夫　作曲
わ た し じゅう ろ く ま ん ー しゅ う む す め
は る よ さ ん ー が つ ゆ き ど け に
イ ン チュ ン ホ ー ー ー ワ ー が
さ い た ー ー ー な ー ら ー
お よ め に ゆ き ま す と な ー り む ら ー
ワン さ ん ま っ て て ちょう だ い ね

「私十六　満洲娘／春よ三月　雪解けに／迎春花《インチュンホワ》が　咲いたなら／お嫁に行きます　隣村／王《ワン》さん待ってて　頂戴ネ」

類歌

a．「今は非常時　節約時代／パーマネントは　やめましょうね／憲兵さんが　消えたなら／お嫁に行きます　何処にでも／それまで待っててちょうだいね」（笠木一九九五への投稿）

〈解説〉

・元歌は、一九三八（昭和一三）年、石松秋二作詞・鈴木哲夫作曲、服部富子（作曲家・服部良一の妹）が歌って大ヒットした。「昭和一三年といえば、すでに日中戦争は泥沼化しており、満州国を一歩出るととんでもない戦乱の只中であったようですが、満州の中は意外と平穏だったようです。ましてや戦場からはるか離れた日本では決して軍歌や戦争映画のような戦争絡みのものだけが幅を利かせていたのではないということは知っておいても良いのではないでしょうか」（http://www7b.biglobe.ne.jp/~lyricssongs/TEXT/S1385.htm　2020/02/25 検索）。

・第二章（９）「パーマネントをかけすぎて」と同じ趣向の替え唄。

（10）「ルーズベルトの」

ルーズベルトの　ベルトが切れて
チャーチル散る散る
花と散る花と散る

東条英機の　つる禿頭
ハエがとまれば
チョイトすべるチョイトすべる
（笠木一九九五：16）

元歌
「シャンラン節（ツーレロ節）」（一九四三年、詞：村松秀一）
「薫るジャスミン　どなたがくれた／パパヤ畑の月に問え　月に問え／ツーツーレロレロ　ツーレロ／ツレラレトレ　ツレトレシャン／ツレラレトレ　シャンランラン」

〈解説〉
・元歌のメロディは台湾民謡で、一九四三年に美ち奴が歌ってヒットした。「ツーレロ節」とも呼ばれ、南方派遣の兵士の間でよく歌われたという。ザ・ドリフターズが一九七一年頃に「ドリフのツーレロ節」（なかにし礼作詞）として替え歌を歌ってヒットした。「ツーツーレロレロツーレーロ　僕があの娘を見染めた時は　高校二年の春の頃　グレた頃　紺のセーラー服横目でみれば　胸のボインが　気にかかる　しびれちゃう」。

シャンラン節
（ツーレロ節）
村松秀一　作詞
台湾民謡
長津義司　編曲
か ーお る　ジャスミ ン　どなた が ー く れた
パ ーパ ヤ　ばたけ ーの　つ きに と え　つ きにとえ
ツ ツ レ ロレ ロ ツ レ ロ　ツ レ ラ レ ト レ
ツ レト レシャン　ツ レ ラ レト レ　シャン ラン ラン

・「ルーズベルトは当時のアメリカの大統領、チャーチルはイギリス首相、鬼畜米英だから敵の一番えらい人の悪口を言っておいて、かえす刀で当時の日本の首相、東条英機の悪口まで言ってしまうところが、さすがです」（笠木一九九五：17）。

⑪「われら大韓独立軍」（韓国の替え唄「独立軍歌　독립군가」）

われら大韓独立軍　祖国がわれらを呼んでいる
三千里三千万の同胞を　必ず救わん　君と僕
＊進め　進め　いざ進め　進め　進め　いざ進め
たとえ荒野に　倒れても　自由の鐘が　鳴る日まで
敵が強くても恐れるな　たとえ弱くてもあなどるな
いかなる困難があろうとも　最後の勝利は　君と僕
（＊繰り返し）
生きている限りは独立軍　死んだら独立軍の守り神
われらの誓いは鉄より固い　戦いぬかん　君と僕
（＊繰り返し）
鴨緑江も豆満江もとびこえて　侵略者の敵を追い出そう
奪われた祖国を取りかえし　万歳を叫ぼう　君と僕
（＊繰り返し）

신대한국 독립군의 백만 용사야　조국의 부르심을 네가 아느냐
삼천리 삼천만의 우리 동포들　건질 이 너와 나로다
나가 나가 싸우려 나가　나가 나가 싸우려 나가
독립문의 자유종이 울릴 때까지　싸우려 나가세
（訳詞：笠木透、笠木一九九九：28－33）

元歌
「ジョージア・マーチ（Marching Through Georgia)」（一八六五年、ヘンリー・クレイ・ワーク作詞・作曲）
Bring the good old bugle, boys, we'll sing another song,
Sing it with a spirit that will start the world along, Sing it as we used to sing it, 50,000 strong,
While we were marching through Georgia.

類歌
a．「東京の中枢は丸の内／日比谷公園両議院／いきな構えの帝劇に／いかめし館は警視庁／諸官省ズラリ馬場先門／海上ビルディング東京駅／ポッポと出る汽車どこへ行く／ラメチャンタラギッチョンチョンデ／パイノパイノパイ／パリコトパナナデ／フライフライフライ」（作詞・添田知道「東京節」）

〈解説〉
・「独立軍がうたった『蜂起歌』と、この『独立軍歌』は、日韓併合で国を奪われた後、朝鮮の人びとの心に水がしみ込んでいくように、広がっていったと思われる。外国曲が軍歌となり、愛国歌となった、代表的な歌と言えるもの。この『独立軍歌』の原曲は、アメリカのジョージア・マーチで、救世軍がうたっていた歌です。唱歌や軍歌には、外国の民謡や讃美歌などをもとにした替歌《ママ》が多い。この曲も、救世軍や天主教（キリスト教）の教会に集う人びとがうたっていたものが、そのルーツだろう。この『ジョージア・マーチ』、明治の中期、日本へ伝わって、『東京節』となる。添田亜蟬坊と、その息子、知道が詩をつくり大ヒットする。ひとつの外国曲が、朝鮮では軍歌となり、日本では演歌になるのだからオモシロイ」（笠木一九九九：30）。

独立軍歌

作詞者　不祥
笠木透　訳詞
原曲「ジョージア・マーチ」

わ ーれ ら だ い か ん ど く り つ ぐん
そ こ く が わ れ ら を よ んで い る
さん ぜん り さん ぜんまん の ど う ほ う を
か な ら ず す く わ ん き み と ー ぼ く すす
め すす め ー い ざ す す め すす
め すす め ー い ざ す す め
た と え あ ら の に た お れ て も
じ ゆう ー の か ー ね が な る ひ ま で

第二部　研究篇

第一章　戦争中の替え唄と子どものコスモロジー

本章では、第一部のテキスト篇に紹介した「戦争中の子どもの替え唄」（戦後のものも含めて総称する）が、筆者がこれまで取り組んできた「子どものコスモロジー」研究の中にどのように位置づけられるのかを確認する。

絵本作家で子ども文化の研究者でもあったかこさとし（加古里子）は、『伝承遊び考　3．鬼遊び考』の中で、「正統本道」の鬼遊びに対し、「裏面」の「はみだし」と呼ぶべき鬼遊びがあることを指摘した上で、子どもの「裏面処理能力」について考察するとともに、「はみだし」の伝承や創造が子どもにとって持つ意義を主張している（加古二〇〇八：605－614）。[注1] ここでは、同じく「はみだし」の文化の一つと見なされる「替え唄」の伝承や創造が子どもにとって持つ意義を明らかにすることを目指す。さらに、戦争中の替え唄の持つ特質を構造的かつ原理的に探ることを通して、当時の子どもたちがなぜ替え唄を歌ったのか、歌わずにはいられなかったのかについても考えてみたい。

（1）「子どものコスモロジー」と「アニマシオン」

最初に、「子どものコスモロジー」と「アニマシオン」に関する筆者の見解について、二〇一七年に発表した論考から、少し長くなるが引用しておく。

「子どものコスモロジー」とは、藤本浩之輔が一九九〇年代前半に提唱した概念で、子ども社会を組織し、子ども自身の文化を生成する源となる、「環境世界に対する子ども独自の意味づけの仕方」、もしくは「文化生成の源としての子どもの内的宇宙」という狭義の概念と、この「子どもの内的宇宙」に加えて、その表現形としての「子ども自身の文化」や、表現主体である子ども存在の集合体としての「子ども社会」をも含めた、「子ども独自の世界の総称」という広義の概念の両方が認められる。その上で藤本は、①子ども独自の発想法や子ども固有の思考様式、②日常とは異なった価値と美の世界としての「超越の世界」と「日常の世界」を行き来する「両生類」としての子ども存在、③子どもの内的宇宙の中にある謎めいた「ブラックホール」としての「根源的な生命力」、以上3つの主題に焦点化させて自身の「子どものコスモロジー」論を展開していこうとした。だがその矢先の一九九五年一〇月に急逝した。

このような藤本の「子どものコスモロジー」構想の核心となる考え方を、筆者なりに噛み砕いて説明してみたい。この言葉を文字通り訳せば「子どもの宇宙観（論）」となるが、「コスモス」(cosmos)とは、果てしなく広がる無限の宇宙という意味での「ユニバース」(universe)とは異なり、元々「調和」や「秩序」を指す言葉であり、古代ギリシャの哲学者ピタゴラスが天空の世界に適用したとされる。そして彼が、天空上の点である3つの星を線で結んでできた三角形を元に「三角形の内角の和は常に一八〇度となる」というピタゴラスの定理を見つけたように、そこには何らかの秩序や調和、意味の網目があると見なす時、宇宙は「ユニバース」としてではなく「コスモス」として捉えられる。

「子どものコスモロジー」においても発想は同じで、子どもたちは、自分の周りの世界（環境世界）

をただ漠然と眺めているのではなく、「これは好き」「これはどうでもいい」というふうに取捨選択をしながら関わろうとする。つまり環境世界を「ユニバース」としてではなく「コスモス」として捉えようとする。そしてその時の、子どもたちの選択や判断の尺度となるのが「好奇心」とか「指向性」と呼ばれるもので、民族・文化や時代を超えた、人類普遍の原理のようなものとして存在すると仮定される。端的に言えば、「子どものコスモロジー」の研究は、子どもたちが実感する「楽しい」とか「ワクワクドキドキする」といった感覚や、「自分は今、生きている」という実感を生み出す原理や構造を明らかにすることである。

以上のような「子どものコスモロジー」研究の方向性は、増山均が提唱する「アニマシオン」概念、すなわち「生命力・活力を吹き込み、心身を活気づけ、すべての人間が持って生まれたその命・魂を生き生きと躍動させ、アニマシオン活動は『心地よい・気持ちいい』という経験をもたらす。日本語の『活性化』すること、すなわち『生き生き（うきうき、わくわく、はらはら、どきどき）』するという心の動きがアニマシオンの語義に近い」（増山二〇一六：122）という考え方に基づく研究の方向性と交差するものである。つまり、子どもはどのような場面（状況）において「アニマシオン」を体感するのか、また「アニマシオン」を体感するために子どもはどのような状況を作り出そうとするのかという、子どもの指向性の原理的特質を解明することが、「子どものコスモロジー」研究の主要な課題であると言えるだろう（鵜野二〇一七「子ども文化の伝承と創造における『アニマシオン』―うた・語り・遊び―」：16-18、表記を一部改変）。

以上のように、「子どものコスモロジー」研究における重要な課題として、「アニマシオン」を体感しようとする子どもの指向性の原理的特質を解明していくことが挙げられる。

（2）子ども論の問い直しへの応答

先ごろ、前述の論考（鵜野二〇一七）の土台となっている「コスモロジー」や「アニマシオン」の概念もしくは視角を用いて、子どもの独自的な原理的特質を追求しようとする藤本や増山などの「80年代子ども論の枠組み」に対する、教育社会学者の元森絵里子による以下のような批判を目にした。

> その（＝80年代子ども論の：筆者注）枠組みの核のひとつは、既存の大人や社会を抑圧的なものと見て、より「子どものため」の視角をそれに対置するという、抑圧／尊重図式である。ここまで見てきたように、大人や社会の抑圧性を仮想敵にすることによって、多くの矛盾する視角が合流している。しかし、「既存の視角が大人の思い込みだ」と批判したところで、そこで提案される「新たな（より子どもを尊重した）視角」がやはり大人の思い込みでないと、どうして言えるのだろうか。
>
> 80年代子ども論を洗練させた諸視角も、前提を共有しない立場から見れば、それも問い直したはずの仮想敵と大同小異のものに見えてしまう可能性は否定できないだろう。たとえば、「コスモロジー」も「アニマシオン」も大人の願望の押し付けにすぎない…。
>
> （中略）
>
> むしろ、「真の」子ども観や子どもへの視角に到達できるという発想こそ、議論を膠着させ、現実的な視角を見失わせてしまう。必要なのは、既存の子ども観が大人の思い込みや大人による子ど

もの抑圧だと発見し、より子どもを尊重した視角が必要だと主張するという、大人中心か子ども中心か、大人の押し付けか子どもの主体性か、既存の子ども観か新しい子ども観かなどの子ども／大人関係をめぐる二項対立的な問題設定自体を問い直し、このような出口のない隘路から抜け出る「子ども」への視角である（元森他『子どもへの視角　新しい子ども社会研究』二〇二〇：11－13）。

元森の批判を整理すれば、①子ども／大人関係をめぐる二項対立的な問題設定、②「真の」子ども観や子どもへの視角を追求しようという「規範的・本質論的視角」（元森他二〇二〇：10）、以上二点に向けられたものと言える。これに対する応答をしておかねばなるまい。第一の批判に対しては、現筆者も基本的に元森と同じ意見である。以下、これに至る筆者の見解の変遷を述べておきたい。

一九八〇年代後半より、藤本の下で伝承遊びの研究をスタートさせた筆者であるが、同時に昔話や伝説などの民間説話の採訪活動も始め、、また英国スコットランドに留学した九一年以降、子守唄とその社会的・文化的背景（出産・育児の儀礼習俗など）に関する調査研究を手掛けていった。これらを通して、子どもと文化の関係性を考える上での、「子ども／大人関係をめぐる二項対立的な問題設定」の限界を感じるようになり、第三の領域を加えることを思いついた。

拙著『生き生きごんぼ　わらべうたの教育人類学』（二〇〇〇）では、「子ども期の民俗文化［folklore in childhood］」を、①「子ども自身の民俗文化［folklore by children］」、②「子どものための民俗文化［folklore for children］」、③「子どもをとりまく民俗文化［folklore around children］」の三つに分け、③を「大人向けの民話・語り物や唄その他の芸能、年中行事や冠婚葬祭など、子どもたちに直接向けられたものではないけれども彼らが生活の中で見聞きする」ものと位置づけた（14－15頁）。

その九年後に刊行した『伝承児童文学と子どものコスモロジー〈あわい〉との出会いと別れ』(二〇〇九a)では、「子ども期の文化 [culture in childhood]」を、①「子ども自身の文化」、②「子どものための文化(大人供与の文化)」、③「子ども関与の文化」に三分し、このうち③については「とくに子ども向けに発信・供与されたものではないにもかかわらず、子どもが興味を抱いて関わりをもち、またこれを模倣・改変しようとする」ものと定義した(26頁)。

「子ども文化」ではなく「子ども期の文化」とし、また第三のジャンルを「子どもをとりまく～」から「子ども関与の～」に変更したことは、自分なりに大きな意味を持つものであった。「『子ども関与の文化』については、民間説話や子守唄などの調査研究を進めていくうちに、子どものためのものでも子ども自身によるものともみなせないような文化のなかに、子どもが好んで関わりをもとうとし、大人と共有し、時にはこれを改変して『子ども自身の文化』としていくようなものが存在することを発見したのに由来する。『児童文化』でも『子ども文化』でもない、右に述べた三つの領域を包摂する概念である『子ども期の文化』という語を用いることで、この第三の領域を包含したいと考えたのである」(鵜野二〇〇九a：27)。つまり、子ども時代に体験される文化(＝子ども期の文化)のうちの一定のものが、子どもと大人の関係性の中で生まれる文化、それも単に「子どもをとりまく」といった形での、子どもが生活の中で見聞きする文化ではなく、そこに関与・参画し、模倣・改変して生まれる文化であることに気づいたのである。

実は藤本も、元森によって批判された一九八五年発表の論文「子ども文化論序説」における「図一－一〈子ども－大人〉関係からみた社会の文化」の中で、①「大人の一般文化(子どものことを意識しない大人自身のための文化)」、②「子ども形成の文化(子育てや教育を意識した子どものための文化)」、③「子ども自身の文化（子どもたち自身がつくりだす文化）」のほかに、②と③の「接点文化」があることに言及している。これは子どもと大人が共有する文化を指しており、「接域文化」と呼んだ方がいいかもしれない、と藤本から直接伺ったことを憶えている。藤本もまた、「子どものための文化（児童文化）」とも「子ども自身の文化（子ども文化）」とも決めかねる境界領域、子どもと大人、両者が関与しせめぎあう中で創作され伝達される「接点・接域文化」の存在に気づいていた。この事実は指摘しておいてよかろう。

ところで筆者はさらにその後の調査研究の中で、三つの領域に分けること自体あまり意味がないと思うようになっていった。たとえば先に述べた民間説話や子守唄は、従来の枠組みでいえば「大人が子どものために供与する文化（子どものための文化）」と規定される。だが、語り手や歌い手の大人は、聞き手の子どもの反応によって語り口や歌い方、話の内容、歌詞や旋律を自在に変えていくことに気づいた。あるいはまた、お手玉遊びやコマ遊びは従来の枠組みでは「子ども自身の文化」と規定されてきたが、その玩具の制作に大人たちの関与があったことは間違いないし、お手玉唄の多くが浄瑠璃や歌舞伎の演目をアレンジしたものや、「尽くし唄」と呼ばれるような数え歌形式にして社会的な常識や教養を歌いこんだものであり、ここにも明らかに大人たちの関与が見て取れる。いわば大人と子どもの応答関係の中で、両者の共同作業として「子ども期の文化」の多くは成立しているのである。そしてそのような応答性や共同性は、いわゆる「伝承文化」だけでなく、例えば紙芝居や絵本や人形劇といった「児童文化財」あるいは「創作の児童文化」においても多かれ少なかれ見られるのだ。

重要なのは、当該の研究対象（子ども期の文化）を「子ども自身の文化」か「子どものための文化」か、もしくは「子ども関与の文化」を加えた三つの領域のうちのいずれかに分属させることではない。その研究対象における子どもと大人の応答性や共同性、つまり両者の関係性のありようの、対象ごとの特徴を詳細かつ具体的に明らかにすることではないか、以上のような見解にたどりついた。

こうした関係論的な視角でとらえようとする際、替え唄は恰好の素材（研究対象）と言える。[注2] プロローグでも述べたように、本書第一部で紹介した替え唄のうち、大人とは関係なく子どもたちだけによって創作・伝承された「子ども自身の文化」と呼べるものの割合はそんなに高くなく、むしろ最初は大人たちが歌っていたのを子どもたちも真似して歌ったと思われるものの割合の方が高いのでは、との印象を読者の皆様も持たれたに相違ない。本章では、子どもと大人の関係性が替え唄の中に、具体的にどう反映しているか、その特徴に注目しながら考察を進めていくことにする。

元森の第二の批判である「規範的・本質論的視角」に対して筆者は、それが「規範的」であるかどうかは抜きにして、また大人にはない子ども特有のものであるかどうかはさておいて、「子どもらしさ・子ども性 [childness]」と呼びうる本質的で原理的な特質は、時代や社会を超えた普遍的なものとして、もしかすると人類のみならず他の生物の幼少期にも共有されるものとして、存在するのではないかと考えている。それは世界各地の神話や伝説に登場する子どもの神や人間に、いくつかの共通のイメージが付与されていることから帰納的に類推される。例えばユングやケレーニイが指摘した、秩序を破壊し混乱をもたらす悪戯者としての「トリックスター」もその一つだろう。[注3] また「桃太郎」や「三枚のお札」や英国イングランド民話「ジャックと豆の木（豆のつる）」の主人公たちのように、たとえ困難が待ち受けていようとも未知の世界へ出かけていこうとする「冒険者」のイメージも挙げられる。さらに、これは話の登場人物としてはお爺さんなのだが、「ねずみ浄土（おむすびころりん）」の主人公のように、穴の中に転がり落ちたおむすびや団子がどこまで行ったのか不思議に思い、その後を穴の中へと追いかけていく「ふしぎがり」[注4]のイメージも「子ども性」にはある。

ここで最後に挙げた「ねずみ浄土」の話のように、実際には子どもでなく、青年や老人であっても「子どもがやりそうだなあ」と思える発言や行為に対して、これを「子ども性」と呼ぶことにする。「インナーチャイルド（inner child 内なる子ども）」という言葉があるように、たとえ表面に出てこないとしても、「子ども性」は生涯にわたってその人の心や身体の内底に存在し続ける。その一方で、現実の子どもたちの中には「子ども性」を表現しようとしない者や、表現できない者もいる。「子どものコスモロジー」の場合も同じ発想で、青年も老人も「子どものコスモロジー」を持っていると考えるのだ。

そんなふうに「子ども性」や「子どものコスモロジー」をとらえてみようとする時、前述した「アニマシオン」への指向性、すなわち「たましいが生き生き（うきうき、わくわく、はらはら、どきどき）することを求める心」もまた「子ども性」や「子どものコスモロジー」の一つとして挙げてよいのではなかろうか。

（3）「子どものコスモロジー」の原理的特質

それでは具体的に、「アニマシオン」と結びつく「子どものコスモロジー」の原理的特質とはどのようなものかについて、英国の子ども人類学者夫妻アイオナ＆ピーター・オーピー（Iona & Peter Opie）の見解を紹介しておこう（鵜野『生き生きごんぼ』二〇〇〇：24を参照のこと）。

オーピー夫妻は、筆者の言う「子どものコスモロジー」を「保守性／更新性」、「センス／ナンセンス」という二対の対極的な指向性を持つものと見なしていた。「保守性」とは自らの文化を維持し保存しようとすること、「更新性」とは自らの文化を変えていき、新しくしていこうとすることを指す。一方、「センス」とは身の回りの世界に意味や秩序を与えようとすること、「ナンセンス」とは既に意味づけられ秩序づけられた世界から逃れ、自由になろうとすることを指す。つまり、子どもは既存の文化を維持し保存しようとする一方で、歴史的状況や環境世界に応じてそれを新たなものに変えていこうとする。また、子どもは世界に意味と秩序を与えようとする一方で、大人によって秩序づけられた日常世界から逃れ、自由になろうとする。このような二対の対極的な指向性の狭間に立って、その時々において振り子の片方に大きく揺れながらもバランスを保つことができること、端的に言えば、古いものを守りながらも新しくする、秩序を求めながらも自由を求めるというのが、「子どものコスモロジー」の原理的な特質であると、オーピー夫妻は指摘する。

特に、「替え唄」と密接な関連性を持つのが「センスへの指向性」と「ナンセンスへの指向性」である。繰り返しになるが、「センス」とは自分が置かれた世界において一定の秩序を求めることを意味する。つまり、ルールを求め、これに従おうとすることに喜びを見出すことである。これに対して、「ナンセンス」とは、現実の日常世界において価値あるとされる「センス」つまり意味や分別の基準からの逸脱や解放あるいは超越を意味する。

筆者は「ナンセンス」を、①現実世界においてつじつまが合わず意味が分からないもの、現実世界の価値を無力化するもの「意味不明」、②現実世界における意味とは逆だったり現実には起こりえなかったりするようなもの、現実世界の価値を相対化するもの「反意味・非現実」、③意味や分別があることは思えないようなもの、現実世界の価値に反し、これに慣れ親しんだ人びとを挑発するもの「無意味・無分別」という三つに細分化して考えている。わらべうたを例に取れば、①「意味不明」のものはおまじないや鬼きめ唄に、②「反意味・非現実」のものはあべこべ唄や奇想天外な物語唄に、そして③「無意味・無分別」のものは死や暴力やエロスを主題とする遊び唄や替え唄や悪口唄に、それぞれ特徴的に見られる（鵜野『生き生きごんぼ』二〇〇〇：24－25）。

大まかに見て、替え唄は「ナンセンス」の③「無意味・無分別」への指向性を反映するものと言えるが、笠木が収集した「戦争中の子どもの替え唄」を詳細に分析する時、「ナンセンス」の①や②に分類できるものや、さらには「センス」への指向性を読み取れるものもある。これについては後ほど確認してみたい。

（4）「戦争中の子どもの替え唄」の形態

前置きが長くなったが本題に移る。ここからは、以前「一九八〇年代の子どもの替え唄」を分析した際に用いた三つの視点、〈形態〉〈モチーフ〉〈物語世界の脱構築と再構築〉を用いて、「戦争中の子どもの替え唄」の特徴を分析していく（鵜野『伝承児童文学と子どものコスモロジー』二〇〇九a：37－51を参照）。

まず、替え唄の〈形態〉について見ていこう。一九八〇年代の子どもの替え唄では、元歌がどのような形態的変化をしているのかに注目し、分析の結果、（a）語尾付加型、（b）語句入替型、（c）文字入替型、（d）メロディ入替型、（e）しりとり型、の五つに大別されることが分かった（鵜野二〇〇九a：37）。

それぞれの具体例を挙げておく。

（a）「あるひ　もりのなか　くまさんに　であった」→「あるひんけつ　もりのなかんちょう　くまさんにんにく　であったんそく」（「森のくまさん」）

（b）「あかりをつけましょ　ぼんぼりに　お花をあげましょ　もものはな」→「あかりをつけましょ　きえちゃった　お花をあげましょ　かれちゃった」（「ひなまつり」）

（c）「ぶんぶんぶん　はちがとぶ」→「ぶるんぶるんぶるるん　はるちるがるとるぶる」（「ぶんぶんぶん」）

（d）「どんぐりころころ」の歌詞を「水戸黄門」のテレビ番組主題歌のメロディで歌う。

（e）「ぞうさん　ぞうさん　お鼻が長いのね」→「ぞうさんぞうさん　お鼻がながいのねこふんじゃった　ねこふんじゃった」（「ぞうさん」）。

これら五つのタイプが「戦争中の子どもの替え唄」のテキストにも見られるかどうか確認してみると、（b）語句入替型が圧倒的に多いが、（a）語尾付加型もわずかながら散見される。

（a）「おててつないで　のみちをゆけば」→「おてつてんぷらつないでこちゃん　のみちをゆけばりかん」（「靴が鳴る」）

（b）「海行かば　水漬くかばね　山行かば　草むすかばね」→「海にカバ　ミミズク馬鹿ね　山にカバ　草むすカバね」（「海行かば」）

なお（c）～（e）は見られない。

（5）「戦争中の子どもの替え唄」のモチーフ

次に、「一九八〇年代の替え唄」の歌詞に頻出するモチーフ（構成要素）は、（a）死、（b）悪、（c）食、（d）性・身体、（e）排泄物、（f）メディア・キャラクターに大別されるが（鵜野二〇〇九a：39－44）、「戦争中の子どもの替え唄」においてはどうだろうか。また、それぞれの特徴についても確認したい。

（a）死

〈死〉のモチーフはこの時代の替え唄にもよく見られる。日常生活が〈死〉と隣り合わせにあった時代において、替え唄の中にこれが登場するのは避けられないことだったのかもしれない。

ただし、「一九八〇年代の子どもの替え唄」において描かれる、非日常としての現実離れした〈死〉ではなく、身近なところにあるリアルな〈死〉が描かれているのが「戦争中の子どもの替え唄」の特徴である。

・「昨日生れたブタの子が　ハチに刺されて名誉の戦死」（「湖畔の宿」）

・「何時《イツ》マデ続ク此ノ戦《イクサ》　三年半年食糧ナク　餓死続出ノワガ国民」（「討匪行《とうひこう》」）

・「おてんぷら　食べすぎて　エノケン先生にみてもろた　ああ　もうだめだ　肺炎・肋膜・十二指腸　あしたは悲しいお葬式　葬式まんじゅう　出るだろうか」（「靴が鳴る」）

(b) 悪

〈悪〉のモチーフとして、相手をからかったり侮辱したりするものが数多く見られる。

・「もしもし○○よ　○○さんよ　せかいのうちに　おまえほど　あたまのわるい　ものはない　どうしてそんなに　わるいのか」（「うさぎとかめ」）

・「ドレミっちゃん耳だれ　目はやんめ　あたまの横っちょに　はげがある」（「港」）

・「朝の四時頃　カラ弁当下げて　家を出て行く　オヤジの姿　ズボンはボロボロ　モモヒキはいて　ああ　あわれなオヤジの姿」（「スキー」）

悪態の矛先は、絶対的な権力者にも向けられる。

・「東条英機のつるハゲあたま　ハエがとまれば　ちょいとすべる　ちょいとすべる」（「シャンラン節」）

・「朕《ちん》思わず屁をたれた　汝臣《なんじ》民くさかろう　国家のためだ　我慢しろ」（「教育勅語」）

(c) 食

戦時下の子どもたちにとって〈食〉は最大の関心事であり、頻出するのも当然と言えるが、その中身は、①砂糖、餅、紅白饅頭、天ぷら、支那料理といった「贅沢食」系と、②イモ、豆、らっきょう、こんにゃく、梅干しなどの「日常食」系に分かれる。ちなみに「ゴハン」は当時においては「贅沢食」と見なせるのではなかろうか。

①「贅沢食」系

・「お菓子は幾万　あるとても　すべて砂糖の　せいなるぞ　砂糖のせいに　あらずとも　とにかく甘いは　ベリマッチ　饅頭は羊羹に　勝ちがたく　マロンケーキはビスケットに　勝栗の　食いたい心の　一徹に　ゼニ箱さがす　こともある」（「敵は幾万」）

・「ここは奥さん　どこですか　離れて遠き　満洲の　赤いまんじゅうに　白まんじゅう　一つ食べたら　うまかった」（「戦友」）

・「ゴハンちゃん　ゴハンちゃん　ゴハンちゃんたら　ゴハンちゃん　いっぱい御用はあるけれど来てもくれない　ゴハンちゃん」（「お母さん」）

②「日常食」系

・「トーフのはじめは　豆である　尾張名古屋の　大地震　松竹ひっくり返して　おおさわぎ　いもを食うこそ　屁が出るぞ」（「一月一日」）

・「朝だ　五時半だ　ごはんのしたく　今朝のごはんは　団子と大根　昼のおかずは　大根と団子　集団生活　なかなかつらい　ケツケツカイカイ　ノミシラミ」（「月月火水木金金」）。

(d) 性・身体

質実剛健・清廉潔白をモットーとする戦時下の子どもたちにとって〈性〉はタブー視されていたと思われるが、替え唄の世界は別だったようだ。また戦後になると、例えば中沢啓治『はだしのゲン』において、戦後の広島の街角を主人公のゲンたちがエッチな替え唄を大声で歌いながら行進し、大人たちも笑いながらこれを聞き流している場面が見られるように、大らかに性を口にできる「自由で平和な時代」が到来したことを、大人たちも噛みしめていたのかもしれない。

・「もしもしかめよ　毛が生えた　せかいのうちに　毛が生えた　あゆみののろい　毛が生えた　どうしてそんなに　毛が生えた」（「うさぎとかめ」）

・「処、処、、処女でない　処女でない証拠には　ツ、ツ、月のものが　三月《みつき》も出ない　おまけにおな

かが　ぽんぽこぽんのぽん」（「証城寺の狸囃子」）

・「一つとせ　ひともうらやむ　わがチンチン　ヨイショ　二つとせ　ふとくてりっぱな　わがチンチン　ヨイショ」（かぞえうた）

・「あの娘　可愛いや　パンパン娘」（「カンカン娘」）

ところで、「春歌」とも呼ばれる〈性〉にまつわるうた（唄・歌）の創作や伝承には、「青少年」も関与していたと思われる。筆者は一九七七年四月、高校入学と同時に男子寮に入寮した。旧制中学の伝統を留めるこの寮には、先輩‐後輩の厳しい上下関係の一方で、飲酒喫煙を先輩から勧められ、時には強要されるというバンカラ気質が残っていた。入寮歓迎会や送別会、クリスマス会、体育祭の前夜祭・後夜祭など、年に何度も「宴会」が行われたが、そこでの定番プログラムの一つが振付のついた「春歌」だった。本書第一部には載せなかったが、[注5]笠木ファイルには収められていた「青い山脈」の春歌替え唄版もその一つである。

「若く明るい　歌声に　雪崩《なだれ》も消える　花も咲く」→「胸もふくらみ　毛も生えて　私も大人になりました」。「青い山脈　雪割桜　空のはて　今日も我らの夢を呼ぶ」→「青いパンティを　膝までずらし　早くして　早くしないとママがくる」。続く二番では母親《ママ》、三番は父親《パパ》、四番は祖母《ババ》、最後の五番では祖父《ジジ》、と次々に現れて、それぞれに相応しい色と種類の下着を脱いでは「早くして早くしないと○○がくる」とせがんでいると、次の家族が登場する。そして最後に祖父《ジジ》はこう叫ぶ、「早くしないと死んじまう」。ロシア民話「おおきなかぶ」を連想させる見事な「連鎖譚［chain tales］」とその結末だ。あれから四〇年以上経った今もフルコーラスで歌える（四〇年間、歌う機会はなかったが…）。

筆者がこの春歌に出会ったのは高一の四月、一五歳の時だった。教えてくれたのは高二・高三の先輩方である。筆者には弟がいないため、そうすることはなかったが、弟がいる同級生の中には、帰省した時にこの春歌を弟に歌って聞かせるということもあったのではないか。その場合、小学校高学年や中学生の弟も「春歌体験」ができたということになる。そして彼はこれを学校で昼休みや放課後に周りの友だちに教えたかもしれない。このような形で春歌が思春期前後の男の子たちの間に広がっていったことは十分に考えられる。戦時下にも同じような伝播の経路があっておかしくない。以上、私的体験を踏まえて、〈性〉をモチーフとする替え唄の伝承に、子どもと大人の〈あわい〉にある「青少年」が深く関与していた可能性を指摘しておきたい。

一方、〈身体〉のモチーフとしてよく出てくるのは、〈性〉にも関わる男性器（「金玉」）を除けば「ハゲ頭」である。それは「一九八〇年代の子どもの替え唄」でも変わらない。時代を越えて子どもたちがこれほど「ハゲ頭」に関心を寄せる理由は何だろうか。またそれは日本だけに見られる現象なのだろうか。今後調べてみたいテーマである。

・「パーマネントを　かけすぎて　みるみるうちに　ハゲ頭　ハゲた頭に　毛が三本　ああ恥ずかしい　恥ずかしい　パーマネントはやめましょう」（「皇軍大捷の歌」）

・「見よ　東条のハゲ頭　旭日高く輝けば　天地にぴかりと　反射する　ハエがとまれば　つるとすべる　おお清潔に　あきらかに　そびゆるハゲの　光こそ　戦争進め　ゆるぎなき　わが日本のご同慶」（「愛国行進曲」）。

・（参照：一九八〇年代の替え唄）「一年一組ハゲ頭　二年二組のホームラン　三年三組落っこって　大事な金玉すりむいた」（「ゴンベさんの赤ちゃん」、鵜野二〇〇九a：56）

また、身体性に関連するモチーフとして、ノミやシラミに噛まれる痒さを訴えるものが数多く見られ、この時代ならではの特徴と言える。

・「われはノミの子　シラミの子　さわぐ夜中の　床の中　かゆいかゆいという人は　わがなつかしき　住み家なれ」（「われは海の子」）

・「ランプ引き寄せ　シラミとり　シャツの縫い目を　静かに開けば　シラミ五、六匹　うようよとそれをつかまえ　相撲取らせ　負けた奴から　ひねりつぶす」（「湖畔の宿」）

（e）排泄物

〈ウンコ〉と〈屁（オナラ）〉は「戦争中の子どもの替え唄」でも定番モチーフである。特に〈屁〉は、既に紹介した「一月一日」や「教育勅語」その他においても登場するが、さつま芋とセットになっていることが多い。空腹や粗食をはじめとする日々の暮らしの苦しさを、替え唄を歌って笑い飛ばそうとしたのだろうか。

・「夜ノ夜中ノマックラ闇デ　ウントフンバルアカガネ色ノ　クソノ太サトミナギルニホイ　裏ノ畠ノ肥溜メ便所　ケツケツカイカイ蚤クツタ」（「月月火水木金金」）

・「ランプ引き寄せ　シラミとり　掻いてまた掻く　インキンタムシ　旅の先でも　さつま芋　腹の中では　ガスタンク　いつか放そう　宿の中」（「湖畔の宿」）

・「芋食えば　屁が出るぞ　ズボンが破れる　屁の力　ブッブッブー　ブッブッブー　ブップクブクブクブー　こらえてもおさえても　止まらない」（「ジングルベル」）

（f）メディア・キャラクター

「一九八〇年代の子どもの替え唄」では、マス・メディアを通して名前が広く知られるようになった「メディア・キャラクター」として、テレビアニメの主人公がよく登場するが、「戦争中の子どもの替え唄」においてこれに対応するのは、先に〈悪〉のモチーフや〈身体〉のモチーフの「ハゲ頭」で触れた「東条（東條）英機」である。

「カミソリ東条」と呼ばれ、陸軍大将としてまた総理大臣として戦争拡大路線を推進し、戦後、東京裁判においてA級戦犯として死刑判決を受けた東条は、戦争中の子どもたちにとって「泣く子も黙る」存在だったはずだが、替え唄の世界における「ハゲ」キャラとの大きな落差はどこから来るのだろうか。子ども自身が持っている無分別や反意味への指向性によるものか、それとも国民（大人）の批判精神が生み出した替え唄を、敢えて子どもたちに歌わせたということか。両方の可能性があるが、ここでは疑問形のままでとどめたい。

また、東条の他に、ルーズベルト、チャーチル、マッカーサーといった敵国の政治家や軍人も登場する。

・「ルーズベルトの　ベルトが切れて　チャーチル散る散る　花と散る　花と散る」（「シャンラン節」）

・「…マッカッカッカ　空の色　おサルのおけつも　マッカッカー（＝マッカーサー）」（「夕日」）

さらに、〈悪〉のモチーフで取り上げた天皇もまた、メディア・キャラクターの一人と言ってよいだろう。

・「…おおきみの　へにこそしなめ　くやみはせじ」（「海行かば」）

「おおきみ」は、「大君（＝天皇）」とも「おお、君（＝友達）」とも受け取れるし、また「へにこそしなめ」は「辺（＝おそば）で死にましょう」の原義を「屁で死んでしまう」へと転化させることもできる。これは「天皇」と「屁」という、遠く離れたイメージの二つの言葉を結びつけることで創造的な物語世界が生まれるとする、ロダーリの言う「ファンタジーの二項式」の典型例と言える（ロダーリ『ファンタジーの文法』一九九〇：39－40）。さらに、「天皇」と「屁」との結合は、前述したように「教育勅語」の替え唄にも見られる。

・「朕《ちん》思わず屁をたれた　汝臣《なんじ》民くさかろう　国家のためだ　我慢しろ」

一方、芸能人では、「日本の喜劇王」とも呼ばれた「エノケン（榎本健一）」が、また漫画アニメのキャラクターとして「のらくろ」が、戦後になると「ポパイ」が登場する。

・「おてんぷら　食べすぎて　エノケン先生にみてもろた…」（「靴が鳴る」）

・「黒いからだに大きな眼　陽気に元気に生き生きと　少年倶楽部の「のらくろ」は　いつもみんなを笑わせる」（「勇敢なる水兵」）

・「ポ、ポ、ポパイ　ポパイのおなら　せ、せ、世界で　一番くさい　お窓をあければ　黄色い煙がポッポポッポ」（「証城寺の狸囃子」）

「ポパイ」は一九三〇年代にアメリカ合衆国で制作されたアニメ映画の主人公だが、日本に入って来たのは一九五九年以降であり、この替え唄が作られたのも一九六〇年代のことと考えられる。

さらに、歴史上のヒーロー、源義経（牛若丸）と弁慶が、戦後の英語教育ブームの中で英語替え唄となって登場する。

・「京の五条のオンザブリッジ　グレートマンの弁慶が　ロングなぎなたふりあげて　牛若めがけてカットダウン」（「牛若丸」）

（6）「戦争中の子どもの替え唄」における物語の脱構築と再構築

最初に「脱構築」「再構築」という用語の意味について簡単に説明しておく。まず「物語の脱構築」とは、「元歌における物語が、その構成要素となっていたモチーフの一部または全部が変換（転移）されることによって、構築物としてのまとまりを維持できなくなること」（鵜野二〇〇九a：45）を指し、一方「物語の再構築」とは、構築物としてのまとまりを失い解体された物語が、新たな「磁力」もしくは「核」を得て融合し、再び構築されることを指す。

「一九八〇年代の子どもの替え唄」における「物語の脱構築」には（a）錯綜…別の物語が混入することによって複数の物語世界が錯綜する、（b）分裂…物語が次々と分裂して別の物語へと転移する、（c）中断…唐突に物語が締め括られる、（d）解体…物語そのものが解体され意味を成さなくなる、以上四つのタイプが認められた。また「再構築」には（e）鏡像的世界…元歌の物語世界を裏返しに写し出した「あべこべ」の世界、（f）反復的世界…一つの単語への固定によって生まれる「繰り返し」の世界、（g）祝祭的混沌世界…エロスと哄笑に満ち満ちたカーニバルの狂乱世界、以上三つのタイプが認められた（鵜野二〇〇九a：45-51）。

「戦争中の子どもの替え唄」の場合はどうだろうか。「脱構築」で見られるのは（a）錯綜タイプのみである。

・「お手手ンプラ　つないデコチン　野道をゆけバリカン　みんなかきくけコンニャク　煮豆にらっきょ　うたをうたえば　腹がヘルンペン」（「靴が鳴る」）

「お手手つないで」の元歌が持っている、小鳥のように歌いながら子どもたちが手をつないで歩くユートピア的世界と、貧困とひもじさに苦しみながら焼け跡を歩くディストピア的世界が錯綜している。

一方、「再構築」の三タイプはいずれも散見される。

（e）鏡像的世界

・「僕は軍人大好きよ　いまに大きくなったらば　勲章つけて　剣さげて　お馬にのって　はいどうどう」→「僕は軍人大きらい　今に小さくなったなら　おっかさんに抱かれて　おっぱい飲んで一銭もらって　飴買いに」（「日本海軍」、傍線筆者）

・「金鵄《きんし》輝く　日本の　栄《は》えある光　身にうけて　今こそ祝え　この朝　紀元は二千六百年　あゝ一億の胸はなる」→「金鵄あがって　十五銭　栄えある光　三十銭　いよいよあがる　このタバコ

紀元は二千六百年　あゝ一億の民が泣く」（「紀元二千六百年」）

・「夕焼小焼で　日が暮れて　山のお寺の　鐘が鳴る　お手手つないで　皆帰ろ　カラスと一緒に帰りましょう」↓「夕焼小焼で　日が暮れない　山のお寺の　鐘鳴らない　戦争なかなか終わらない　カラスもお家へ　帰れない」（「夕焼小焼」）

――この替え唄はあべこべの「鏡像的世界」であると同時に、「〜ない」を反復させる（f）「反復的世界」でもある。

（f）反復的世界

・「勝ってくるぞと　勇ましく　誓って祖国《くに》を　出たからは　手柄立てずに　死なりょうか　進軍ラッパ　聴くたびに　まぶたに浮かぶ　旗の波」↓「〜手柄立てずに　支那料理　進軍ラッパ　聴くたびに　まぶたに浮かぶ　支那料理」（「露営の歌」）

――「死なりょうか」から「支那料理」への転移の落差が鮮やか。

（g）祝祭的混沌世界

・「万朶《ばんだ》の桜か　襟の色　花は吉野に　あらし吹く　大和男子《やまとおのこ》と生れては　散兵線《さんぺいせん》の　花と散れ」↓「もし日本が負けたなら　電信柱に　花が咲き　焼いた魚が泳ぎ出し　絵にかいただるまさんが踊りだす」（「歩兵の本領」）

・「天に代《かわ》りて　不義を討つ　忠勇無双の　わが兵は」→「天井めがけて　釘を打つ　チュウチュウネズミの　運動会」（「日本陸軍」）

（7）ナンセンスとセンス

前述したように、ナンセンスへの指向性は、①「意味不明」、②「反意味・非現実」、③「無意味・無分別」の三つのタイプに大別されるが、「戦争中の子どもの替え唄」には特に②と③が顕著に見られる。②「反意味・非現実」は、前節で考察した「再構築－鏡像的世界」に対応するものであり、これから兵隊になって、戦場という「生き地獄（ディストピア世界）」を現実に生きていかなければならない子どもたちが、これとはあべこべ（反意味・非現実）の「ユートピア世界」、つまり、「小さくなって、おっかさんに抱かれて、おっぱい飲んで、一銭もらって、飴買いに」行くというナンセンスな物語を歌うことで、死への恐怖心を紛らせ、正気を保とうとしたと見なせるかもしれない。

G・Hミードは、周囲（社会）から特定の役割を演じることを期待される「目的語としての自分〈客我ｍｅ〉」と、周囲（社会）の期待とは関係のない、むしろこれに反抗する形で主張される「主語としての自分〈主我Ｉ〉」との内的葛藤を誰しも抱えていることを指摘している（ミード一九七三：186－239）。本章の文脈に即して言えば、「ぼくは軍人大好きよ」が〈客我ｍｅ〉であり、「ぼくは軍人大嫌い」が〈主我Ｉ〉である。

ところが、「お国の為に死ぬこと」を絶対的な正義として叩き込まれていた当時の「皇国・愛国少年」たちの場合、彼らの〈主我Ｉ〉もまた「ぼくは軍人大好きよ」という元歌の世界だった可能性もある。

たとえば、宮城県仙台市で一九三三年から四三年まで年一回発行された雑誌『仙台愛国少年』の第四号（一九三六）に次のような作文（綴方）を寄稿した小六の少年の場合、〈主我Ｉ〉も〈客我ｍｅ〉も共に「ぼくは軍人大好きよ」であり、彼はもはや内的葛藤を抱えていないと解釈すべきだろうか。

「入営兵を送る」南小泉校　尋六　丹野金治郎

「毎年暮近くなると、大きな入営兵の旗が所々に立つのが目につく。今年も、余すところ一ヶ月ばかりで、暮れようとしてゐるやさき、家の近所にも見事な入営旗が立つた。官舎の山城乙君の入営だ、なんでも朝鮮の羅南へ行かれるとのことだ。朝鮮は我が領土ではあるが他国と陸続きになつてゐる。しかも羅南はずゐぶん遠い国境近くにある。家の母さんも「長男に行かれては、山城さんの家でも困るな―」と言つて居られる。然し乙君は福鉄の野球の選手である。東北中学校時代も選手でとほした。実に立派な体だ。軍服をつけたらどんなに偉く見えることだらう。あの寒いシベリヤや満洲に行軍する場合が出来ても、大丈夫心配ない。出発される時「こらしつかりやるんだぞ！なにその意気で軍隊に入つてもホームランを打つんだぜ」と友人がはげました。僕も皆と一しよに山城君万歳を三唱した。先頭ラッパの音がかすかにひゞいて来る。又戦争が起るだらうかな！と僕は一人で考へてみた」（旧字体を訂正、傍線は筆者、『仙台愛国少年』第四号、一九三六：49-50）。

母親のつぶやきを聞き逃さず、また最後に「一人で考へてみた」と記しているところに、少年の心の揺らぎ、〈主我Ｉ〉と〈客我ｍｅ〉の葛藤が読み取れるように思うが、いかがだろうか。

次に、③「無意味・無分別」は、前節の「脱構築‐錯綜」や「再構築‐祝祭的混沌世界」に対応する一方で、天皇や東条英機に代表される絶対的な権力者への揶揄や悪態としても表現されている。これを子ども自身が思いついたのか、それとも大人が思いつき、子どもに歌わせていたのかは判然としない。おそらく両方だったのではないか。いずれにしても、こうした権力批判や社会風刺、さらには反道徳的な内容やエロティックな替え唄が巷間に流布し継承されることは「言論の自由」を意味しており、その社会の健全さのバロメーターと言えるように思われる。

さらに、「死ぬこと」よりも「生きること」を善しとすること、「名誉の戦死」であっても「かあちゃんは悲しかろう」と正直に言うこと、たとえ天皇であってもその屁は臭いと言えること、理不尽なことは理不尽だと言い、真っ当なことは真っ当だと認めようとする、そんな替え唄がいくつも見られる。そこには、不条理に満ち満ちた、殺伐とした現実世界に、秩序や意味を作り出そうとする心、すなわち「センスへの指向性」が投影している。

子どもたちは替え唄を共に歌い、共に笑うことで、互いに心を弾ませて、今ここに生きていることを実感できたのではないか。つまり、必ずしも自覚されてはいなかっただろうが、替え唄を歌うことを通して子どもたちは「今ここにおいて、確かに生きている」という「アニマシオン」の感覚を持ち、この感覚を仲間と共有していたのである。思う存分走り回ったり歌ったり踊ったりするといった手段でこうした感覚を得ることが困難だったと思われる戦争中の子どもたちにとって、替え唄を歌うことによる「アニマシオン」体験は、とりわけ重要な意味を持っていたであろう。そしてまた、子どもたちの歌声に「コラーッ」と叱りつつも、大人たちの心も慰められたに違いない。

(8) 共に歌い、共に笑うということ

前述したアイオナ・オーピーは、イギリスの子どもたちの替え唄や悪口唄、残酷で下品とされる唱え言葉を集めた *I Saw Esau: The Schoolchild's Pocket Book.*(初版一九四七、新装版一九九二、日本語版『イーソーを見た 子どもたちのうた』一九九三)の新装版はしがきに、次のように記す。「日々の心配事や災難に、いちばんよく効く薬は、笑いです。子どもというものは、産声を上げたときから、このことを理解しているようです。笑いがなければ笑いを産み出し、笑いが与えられればそれを楽しみます」(オーピー一九九三:5)。戦争中の子どもたちもまさに、替え唄を歌うことで、笑いのないところに笑いを産み出し、笑いを与えられればそれを楽しみ、笑うことで日々の心配事や理不尽な出来事を乗り越えていこうとしたのだろう。付言すれば、オーピー夫妻がこの本の出版を思い立ったのは第二次大戦のさ中であり、初版の刊行も戦後間もない一九四七年のことだった。

一方、笠木透は次のように言う。「どんなに暗く、厳しい時代でも、名もない人びとは歌をうたってきたのである。つらく厳しいからこそ、人びとや、その子どもたちは、生きるために必要な歌をうたってきた。詞を替え、心にふれる曲に乗せて、隠れて本音をうたってきた。(中略)いつの時代でも、人びとは、歌などなくても死ぬことはないが、歌がなければ、人間らしく生きてはいけないのだ」(笠木二〇一四:74)。

二人の言葉を踏まえて、本章のはじめに提示した「当時の子どもたちはなぜ、替え唄を歌ったのか、替え唄を歌わずにはいられなかったのか」という問いに対する現時点での答えを記すなら以下のよう

になるだろう。――子どもたちは、替え唄を共に歌い、共に笑うことで、自身のたましいを生き生きと躍動させるというアニマシオンの感覚を体感し、これを通して日々の心配事や理不尽な出来事を乗り越え、人間らしく生きていこうとしたのではないか。

ひるがえって、今日の子どもたちは替え唄のような「はみだし」の文化を、友だちと一緒になって表現し、共に笑っているだろうか。必ずしも替え唄でなくて構わない。アニマシオンの感覚を体感できる「解放区（フリースペース・すき間）」を子どもたちは手にしているだろうか。そう問うてみる時、SNSのサイバー空間を除いてほとんど持っていないと思わざるを得ない。

アニマシオンを体感できる「解放区」を、サイバー空間だけでなくリアル空間（現実世界）においても子どもたちが持てるよう心を配ること、それが今日、私たち大人に何よりも求められているように思われる。そしてまた、リアル空間の「解放区」を必要としているのは子どもだけではあるまい。私たち大人もまたリアル空間において、共に歌い、語り、笑う機会を求めている。日々の心配事や理不尽な出来事を乗り越え、人間らしく生きていくために。

注

1　加古は「はみだし」の鬼遊びを以下の三項目に分けて要約する。①本来の「オニと子」の追跡逃走行為に対し妨害、困惑、阻害になるような、邪魔だて、悪口、嘲罵を加えるもの。②不徳、不善に傾斜した態度や旧態陋習に基づく呼称や差別用語を保持内包しているもの。幼少児や弱者へのいたわり、救済を付加設置したもの（加古二〇〇八：607）。

2　「替え唄」と並んで、「学校の怪談」も恰好の素材である。元森他（二〇二〇）に収載された吉岡一志の「子どもの主体性礼賛を超えて　―「学校の怪談」をめぐる教師と子ども」は、元森と同様に、藤本の「子ども／大人の二項対立的な問題設定を批判した上で「学校の怪談」を関係論的視角で読み解いた、秀逸な「子ども期の文化」論である。

3　ラディン&ケレーニイ&ユング『トリックスター』（一九七四）

4　どんなことにも「不思議だなあ」と思う自分のような人間に対するまど・みちおの命名。ＮＨＫ総合『ＮＨＫスペシャル　ふしぎがり～まど・みちお百歳の詩』（二〇一〇年一月三日放映）での発言より。

5　鵜野「戦中・戦後の春歌　―笠木透の替え唄研究その3」『立命館文学』第六四八号（二〇一六）所収にはこの春歌も載せている。参照されたい。

第二章　大正〜昭和前期の子どものうた環境

前章では、戦時下を生きた子どもたちにとっての替え唄を歌うことの意味について考えたが、本章では少し間口を広げて、当時の子どもたちのまわりにはどんなジャンルのうた（唄や歌）を耳にし、また自ら歌っていたのかという、子どものうた環境について見ていきたい。

（1）「大人の視点」から見た大正〜昭和前期の子どものうた環境の変遷

日本の子どものうたの歴史については、園部三郎・山住正己『日本の子どもの歌』（一九六二）、藤田圭雄『日本童謡史Ⅰ・Ⅱ』（一九七一、一九八四）、金田一春彦『童謡・唱歌の世界』（一九七八）、岩井正浩『子どもの歌の文化史』（一九八九）、山住正己『子どもの歌を語る』（一九九四）、上笙一郎『日本童謡事典』（二〇〇五）、畑中圭一『日本の童謡　誕生から九〇年の歩み』（二〇〇七）、小野恭靖『子どもも歌を学ぶ人のために』（二〇〇七）等、該博な知見に基づく詳細な先行研究がある。また近年、メディア文化論や社会文化史の立場から詳細なデータ解析に基づいて「童謡」概念の多義性や時代性を検証した周東美材『童謡の近代』（二〇一五）や井手口彰典『童謡の百年』（二〇一八）のような気鋭の論考も発表されており、児童文芸雑誌「赤い鳥」の誕生（一九一八年）とともに花開いた「童謡文化」の社会的背景やその歴史的変遷を俯瞰することができるようになった。

ただし、こうした先行研究の多くは、作詞者や作曲者、編曲者や編集者、親や教師、出版社・レコード会社・放送局・百貨店など、「童謡文化」の創作者や供与者や媒介者としての「大人の視点」からの考察であり、享受者もしくは創作者としての「子どもの視点」からのものはほとんど見られない。[注1]

ここでは「大人の視点」からの考察の一例として、大正から昭和前期の子どもたちに強い影響力を持ったうたジャンルの変遷に関する、上笙一郎・畑中圭一・井手口彰典の見解を挙げておく。

a．上笙一郎

「唱歌」（明治期～）

←　「児童歌曲としての童謡」（大正期半ば～）

←　「プロレタリア童謡」（昭和初期～）

「モダニズム童謡」（昭和初期～）

←　「大衆童謡」（太平洋戦争の頃）

「軍歌」（太平洋戦争の頃）

（上「童謡」二〇〇五：260‐261）

b．畑中圭一

「唱歌」（明治期後半～）

「童謡運動」（大正期後半〜）　←
「プロレタリア童謡運動」（一九二九年頃〜）　←
「レコード童謡」（一九三一年〜）　←
「童謡立体化運動」（一九三二年頃〜）
（畑中「童謡運動」二〇〇五：262‐263、同『日本の童謡』二〇〇七：272）

c．井手口彰典

「唱歌」（明治期後半〜）　←
「大正童謡」（一九一八〜）　←
「レコード童謡」（昭和期〜）　←
「戦時童謡」「少国民歌」（一九三五年頃〜）
（井手口『童謡の百年』二〇一八：81、284‐285）

その上で井手口は、「唱歌」や「戦時童謡」は〈実用性〉、「大正童謡」は〈芸術性〉、「レコード童謡」

は〈大衆性〉、以上三つのベクトルをそれぞれ指向していると指摘する。

三者の見解をまとめると、大正期から一九四五年八月までの「子どものうた環境」は次のような変遷をたどる。

①「唱歌」 ……明治期～ ……〈実用性〉
②「童謡（大正童謡）」 ……一九一八年～ ……〈芸術性〉
③「プロレタリア童謡」 ……一九二九年頃～ ……〈実用性〉
④「大衆童謡」「レコード童謡」 ……一九三〇年頃～ ……〈大衆性〉
⑤「モダニズム童謡」「童謡立体化運動」 ……一九三二年頃～ ……〈芸術性〉
⑥「戦時童謡」「軍歌」「少国民歌」 ……一九三五年頃～ ……〈実用性〉

ただし、繰り返しになるが、これはあくまでも「大人の視点」から見た光景であって、子ども自身の視点からのものではない。そこで次節より、子どもの視点からのうた環境について六人の証言や記録を元に確認していきたい。

（２）岡田妙子の証言

最初に紹介するのは、一九一〇（明治四三）年、岡山県井原市高屋生まれの岡田（旧姓上野）妙子である。上野家は老舗の造り酒屋で、明治半ばよりキリスト教（プロテスタント）の信仰を持つ家でもあった。妙子は八人兄弟の長女として生まれ、旧家の長女は行儀作法やしつけを含めて祖母が育てるという当時の慣習に則って、主に祖母の和伊によって育てられた。地元の小学校と女学校で学んだ後、京都の同志社女子専門学校（現在の同志社女子大学）に進学、在学中の一九二九年に民族学者の岡田太郎（当時立教大学助教授）と結婚。東京で生活を送るが一九四一年に夫が亡くなったため三人の子どもを連れて帰郷し生家近くで薬店を営む。一九八〇年代後半から、山田耕筰が歌曲に編曲して世に広めた「中国地方の子守唄」の元歌伝承者として活躍し、二〇〇一年逝去。

左から２番目が妙子
一番右が和伊

筆者は「中国地方の子守唄」の社会的背景を探ることを目的として一九九五年から数年間にわたって断続的に妙子へのインタビュー調査を行なったが、一九九六年二月、彼女が小学校に通う前までの頃に聞いたり歌ったりしたうたを、解説とともに自ら収録したテープを彼女から頂戴した。その翻字記録の一部は鵜野「〈フィールドノート〉「中国地方の子守唄」の社会的背景に関する研究（1）」（一九九六）として発表したが、今回はこのフィールドノーツに基づいて彼女の幼年時代のうた環境を紹介する。

録音テープに妙子が収めたうたは、大別すると次の通り。

①祖母から聞いた伝承子守唄：「中国地方の子守唄」として普及したものの元唄

②祖母から教わったわらべ唄四編：a.「てんてんてんまり」（手まり唄）、b.「せっせっせ」（手合せ遊び唄）、c.「お猿さんの唄」（遊ばせ唄）、d.「お月さまの唄」（遊ばせ唄）

③冬の間、住み込みで働いていた酒蔵の男衆（杜氏たち）から教わったわらべ唄：「雷さんの唄」
④讃美歌：教会の礼拝や日曜学校で歌い、聞いたうた
⑤俗謡：縁日ののぞきからくりや旅回りの芝居小屋から聞こえてくる唄、阿波の人形芝居の義太夫節、「オイチニの薬屋さん」（傷痍軍人）の唄など

以上の五種類が妙子の幼年時代のうた環境として挙げられる。その中から「お猿さんの唄」を紹介しよう。

向こうの山に　猿が三匹おったげな／石の中のコンザルが　よぉ物知って／山から下りて　観音堂へ上がって／屁をプンとこいたらば　観音堂がかやった／大けえ坊主ァ泣きよォる／小めえ坊主ァ笑よォる／泣きゃんな笑やんな　明日の市で／小箱買うて　しんぜましょ（鵜野一九九六：52）

ユーモラスでリズミカルな、江戸時代の香りを漂わせるわらべ唄である。他にも、義太夫節をはじめ近代以前から歌われていた大衆芸能の唄や、子どもを寝かせつけ、または遊ばせるための古風な味わいの伝承子守唄やわらべ唄が、明治維新から半世紀が経った大正初めにも残っていたことが分かる。その一方で、高屋教会では毎週日曜日には礼拝や日曜学校が開かれており、讃美歌の歌声は教会の外にも響いていたという。また、クリスマスには信者以外の子どもたちも教会主催のクリスマス会に参加して、うたを歌ったり演劇を行なったり観たりしていたと妙子は語っている（鵜野『子守唄の原像』二〇〇九b：57）。

高屋地区は決して大きな町とは言えないが、新島襄や内村鑑三の教えを受けた熱心な信徒たちが教会を設立し、町の有力者である上野家もその一員だった。したがってキリスト教の音楽文化は単に信者だけのものではなく、この町の地域文化としても定着していたと思われる。

こうした近世の流れを汲む「俗謡・伝承子守唄・わらべ唄」や、キリスト教文化の精華である「讃美歌」は、小学校に入学して「唱歌」や「童謡」を習い覚え、またラジオやレコードなどを通して大衆的な「レコード童謡」を聞くようになった後も、妙子のうた環境において大きな位置を占めていたことが推察される。

（3）船曳由美『一〇〇年前の女の子』

次に紹介するのは、編集者の船曳由美が、百歳を迎える母親テイが米寿を過ぎる頃から語り始めたという自分の生い立ちや幼少期の思い出、そして彼女が過ごした村の四季折々の暮しについての断片的な語りを元に再構成した『一〇〇年前の女の子』（二〇一〇）である。娘のフィルターを通した母親の証言録であるという点は考慮に入れておかねばならないが、「子どもの視点」からのうた環境の光景を知るための貴重な手がかりと言える。

船曳（旧姓寺崎）テイは一九〇九年、栃木県足利郡筑波村大字高松の農家に長女として生まれる。この時父親の進は兵役中で不在、母親はテイを自身の里で産んだ後、嫁ぎ先に戻ることが憚られ、生後一か月のテイだけを送り届けて自身は戻ってこなかったため、テイは祖母ヤスによって育てられる。進は、先妻の子であるテイには決して寺崎の家を継がせないこと、後妻が産んだ子を跡取りにする、

そしてテイは必ず他家に養女に出すという条件のもとに、一歳年上のイワと再婚。約束通り、数え五歳でテイは隣村に里子に出されるが、里親に冷遇されていることを知った進が、二年後の小学校入学前に寺崎の家に連れ戻す。先妻の子という肩身の狭い思いをしながら、テイは修身や操行も含めて「全甲」の学業成績で六年間の尋常小学校を終え、女学校に進学する。

小学校卒業までの記述の中から、うたや唱えごと、語りの台詞などに関する主なものを挙げてみたい。

①村芝居の子どもの役者の台詞「**おっ母ァ、会いたかったァ**」と叫んでお袋さまにしがみつく、その声音（70頁）。

②養女に出される時、おばあさんが呑竜様（＊親無しっ子を何十人と育てたお上人様）の守り札を首に掛けてくれて、「何かあったら、**ドンリュウサマ、ドンリュウサマ**と唱えるんだよ」と教えてくれた（80頁）。

③お盆の唄「**盆にはぼたもち　昼にはうどん　夜には米の飯　とうなす汁よ**」（105頁）。盆踊りの唄「**ハアー、ちょいと出ました…**」（106頁）、田植え唄・田の草取りの唄（106頁）。

④十日夜《とおかんや》（旧暦一〇月一〇日）に藁鉄砲で家の庭先を叩く時の唄「**トオカンヤ　トオカンヤ／朝そばきりに　昼だんご／夕飯くっちゃあ　ぶったたけ／麦も小麦もよくできろ／大豆も小豆もよくみ**

のれ」（114－115頁）。

⑤大晦日の祝い膳の最初と最後に**「お正月様、いただきまぁす」「お正月様、ごちそうさまでしたァ」**と皆で唱える（138頁）。

⑥節分**「福はァ内、福はァ内／鬼はァ外」**（151頁）。

⑦瞽女唄：暗く哀しい調子の音、「とにかく母と子が別れ別れになる物語である」（171頁）。

⑧冬の夜**「火の用心！　火のヨーオオージン」**（203頁）。

⑨修学旅行で品川の旅館にて一緒に歌った**「われは海の子　白波の…」**（213頁）。

テイが子どもの頃に歌ったり聞いたりしたうたを意識的に書きとめようという意図が編者になかったせいか、うたにまつわるエピソードの全体的な分量はそれほど多くはない。ただ、その中で目立つのは年中行事と結びついた唄や唱えごとである。多くの年中行事に子どもたちが主役として、または主体的に参加していた様子がうかがえる。また、瞽女唄もテイ自身の境遇と重ね合わせられて鮮明な印象として残っているようである。

一方、そうした日常生活と密着した伝承の唄や唱えごとに比べると、学校で習う唱歌や童謡は、修学旅行のエピソードにまつわる「われは海の子」を除いて登場しない。テイの場合、唱歌や童謡が、彼女が高齢になるまで記憶にしっかりと残るような強い印象を与えることはなかったということなのかもしれない。

（4）古島敏雄『子供たちの大正時代　田舎町の生活誌』

男性の証言も確認しておきたい。本書は一九一二（大正元）年に長野県飯田市に生まれ、この町で子ども時代を過ごした日本経済史・農業史学者の古島敏雄が、七〇歳を迎えようとする時期に綴った回想録である。敏雄の父は開業医で、長男である敏雄が一〇歳の時に、自宅を含む町の中心部が大火に見舞われた際、同居していたのは両親と四人の子ども（一〇歳、八歳、四歳、六ヶ月）に加えて、書生、見習看護婦、台所手伝い兼子守の合計九人だった。小学校一年の時から『赤い鳥』を月極めで届けてもらった（25頁）。大火の後、避難先の収入役の家で、鈴木三重吉編の『世界童話集』を見つけ出し、それを片端から読んだ（9頁）。こうしたエピソードが物語るように、敏雄は『赤い鳥』が講読者層として狙いを定めていた地方都市の比較的富裕で教育熱心な家庭の子弟だった。

①幼稚園で覚えた**「もう幾つ寝るとお正月」**の歌は《（ママ）》一二月になると唄い《（ママ）》暮らして正月を待ったものである（26頁）。

②正月の百人一首のカルタとりで、同じ町内のお医者さんの若い奥さんが歌詞を滑稽に変えて読む。例えば**「衣乾すてふ天の香久山」**は**「衣乾したり頭かいたり」**となる（29頁）。

③一月一四日のどんど焼きの際、火が燃え上がると、町内に住む老婦が踊るような格好で、だみ声を張り上げて、**「ほんやりほは馬鹿で、出雲の国へ呼ばれて、後で家《え》を焼かれた」**とくり返し唄う（35頁）。

④七夕の宵（八月七日）か祇園の宵（七月一〇日すぎ）に、小学校へ入る前後の子どもたちが提灯をつけて町内を練り歩いた後、谷の向こうへむかって**「馬場町の奴ら喧嘩に来い。喧嘩が嫌なら奉公に来い。奉公が嫌なら銭もってとんでこい、とんでこい」**と叫ぶ（55頁）。

⑤女の子の遊びには大抵唄がついていた。まりつき、お手玉**「お一つお一つお一つ、そろっておさらり」**、「せっせっせ」（手合せ遊び）**「青山御所から赤い鳥が三つ四つ…」**、「かごめかごめ」、「天神様の細道」など（154-156頁）。

⑥「町外れの忠魂碑の上手に一つ子供心《ママ》に強く残る家があった。子供たちは瞽女長屋と呼んだ。当時この町を中心として村々を瞽女が流していた、その宿所だったのであろうが、三河万歳・猿廻しなどの流しの芸人全体が、興をひく存在であると同時に、日常生活のわからない他郷の人としての怖さもあった」（176-177頁）。

⑦お寺の幼稚園で唱歌を習う。朝、薄暗い本堂に集まって**「なむあみだぶつ」**と念仏を合唱する。同じ組の女の子の葬式に**「明日ありと思う心の仇桜／夜半に嵐の吹かぬものかは」**と御詠歌を歌う（237頁）。

⑧幼稚園に通う途中に「むじな横丁」と呼ばれる、むじなやももんがが出るという横丁があった。**「大入道が出ても女の幽霊が出ても、むじなはその足元にいるんで、下の方を思いっきり蹴っとばせばすぐ消える」**と対策を教えてくれる子もいた（238頁）。

⑨大正八年九月に小学校に入学したが、唱歌の教科書は使わなかった。自由教育の影響で当時盛んになりかけていた創作童謡を教わったためかもしれないが、あるいはまた幾つかの小学唱歌の詩文を逆の季節に習うことになるためかもしれない（252頁）。

⑩唱歌の代わりに習った歌は、中級（小学校中学年）からは当時盛んになりかけていた北原白秋、野口雨情などの童謡が多かった。**「歌を忘れたカナリヤ」**も教えてもらった。五年後半から本校に移るが、そこでも教科書は使わず、比較的やさしい童謡の類いを習った（256頁）。

⑪「私は当時出はじめた『赤い鳥』をとってもらっていた。友人（新聞記者の息子…筆者注）は『童話』という雑誌をとっており、毎月それらを交換して読んでいた。（中略）子供の雑誌を月極でとり、あるいは家に子供向の本があり、本を中心に友人の家で遊ぶような人は、私の組では新聞記者の家だけだった」（271－272頁）。

⑫「秋季入学の制度は二年度限り、私たちの級までで廃止された。理科・図画・唱歌に教科書を使わない、いわゆる自由教育はなお続き、私より三、四級下の子供からは、国語の時間にも、教科書のほかに、長野県出身の文学者の作品を学年別に配置した副読本が使われ、その地位がかなり高いものになっていた」（277頁）。

本書からは、年中行事の中で歌い聞き、遊びながら歌う「わらべ唄」や「俗謡」、子どもたち自身が創作し歌い継いだ「悪口唄」、大人から聞いた「替え唄」、幼稚園で習った「唱歌」、小学校で習った「童謡」、さらには子どもの耳に入ってくる「瞽女唄」や「念仏の唄や唱えごと」など、地方都市の開業医子弟である「赤い鳥」読者の敏雄の周りにも、「童謡」以外のさまざまなジャンルのうたや唱え言葉が流れていたことが分かる。それと同時に、大正期の自由教育に特に熱心だった長野県の学校教育の一端も垣間見ることができる。

(5) 大岡昇平『幼年』『少年』

『武蔵野夫人』(一九五〇)や『レイテ戦記』(一九七一)などで知られる作家の大岡昇平(一九〇九－一九八八)は、六〇代になって自らの子ども時代を回想し、二つの自伝文学『幼年』(一九七三)と『少年』(一九七五)にまとめて発表した。ここには、大正期の東京・渋谷界隈の比較的裕福な家庭で子ども時代を過ごした大岡のうた環境も綴られている。

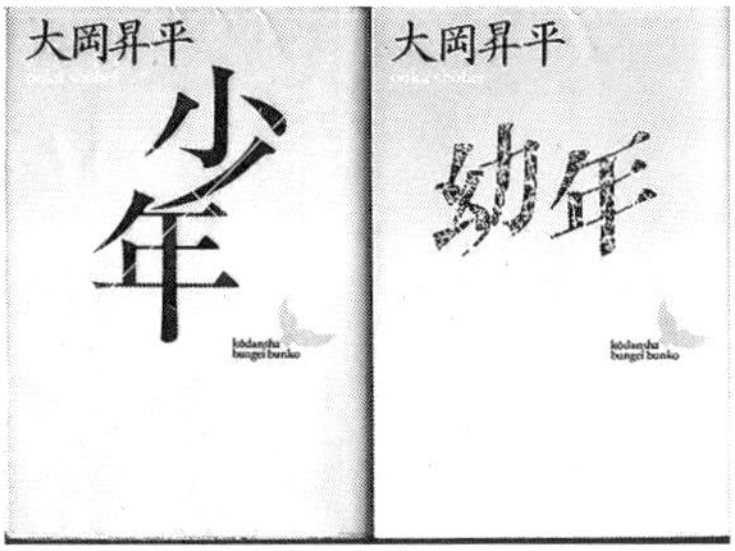

大岡昇平は一九〇九年、当時の東京市牛込区新小川町に父貞三郎、母つるの間に長男として生まれた。五歳上の姉、七歳下の弟との三人きょうだい。父は和歌山市近郊の富農の三男で早くに分家していたが、米相場に手を出して失敗し、昇平の生まれる前年、上京して株式仲買店に勤めていた。第一次世界大戦後の景気変動の中、株取引で成功し、より大きな屋敷へと引越しを繰り返す。母は和歌山の芸妓で、父に見初められて両方の親の反対を押し切って結婚したが、昇平は中一の時までこの事実を知らなかった。一九一九年、従兄の洋吉に勧められて雑誌『赤い鳥』に童謡を投稿し入選。一九二一年、府立一中受験に失敗し青山学院中学部に入学。

前節までと同様に、『幼年』と『少年』の中から、小学校卒業までの間に昇平が耳にし、口ずさんだうたや唱えごとを拾い上げていく。

①五歳ぐらいの頃、姉のお古の着物を仕立て直して着せられていると、「**女の着物、女の着物**」と近所の男の子にからかわれ、泣いて家に帰る（『幼年』68頁）。

②六歳から九歳まで住んでいた家の近くに稲荷があり、近所の子どもたちが集まってきていたが、年上の男の子から「カチューシャの唄」を教えてもらう（『幼年』81頁）。

③小学校入学前の頃、父と将棋をし、負けて泣き出すと、父は「**雨が降った、雨が降った**」とはやし立てる（『幼年』89頁）。

④小学校の秋の運動会に、「**わが肉踊り、わが腕鳴れり／前なるあの渋谷川／進みてやまざる水の如くに／負くるも勝つも、運に任せて／ふるいはげみ戦わん**」と歌う（『幼年』101頁）。

⑤小学校で毎朝、校庭に集合して昭憲皇太后の賜った教育歌「**金剛石も　磨かずば／玉の光は　そわざらん／ひとも、学びて　後にこそ／まことの徳は　あらわるれ**」を歌う（『幼年』102頁）。

⑥四大節（四方拝…一月一日、紀元節…二月一一日、天長節…四月二九日、明治節…一一月三日、の総称）には学校で式があり、全校生徒が「君が代」とその祭日の歌を歌ってから校長が教育勅語を読んだ。二年生以上はみな暗記していた（『幼年』104頁）。

⑦同級生の女の子の家で、「**西条山は霧深し／千曲の川は浪荒し**」と歌いながらお手玉をする。男の子と女の子が二人で遊んでいると、「**女と男と豆炒り、炒っても炒っても炒り切れない**」とからかわれる（『幼年』107－108頁）。

⑧隣の隠原《おんばら》小学校を「**おんばら学校、いい学校／あがってみたら、くそ学校**」と囃す（『幼年』111頁）。

⑨小学校の運動会で、高等科の女生徒が「**空も港も夜は晴れて**」の三調子リズムに乗って集団行進するのを眺める（『幼年』144頁）。

⑩小学校の卒業式で在校生は「蛍の光」を、卒業生は「仰げば尊し」を歌う（『幼年』144頁）。
⑪杭打ちをする女の土方たちが**「よいとまけ」**のかけ声で綱を引き、**「よんやこら」**で綱を放し、その合い間に若い衆が下がかった内容の唄を歌うのを見物する（『幼年』147－148頁）。
⑫酒屋の前の広場で、紋付袴の艶歌師が「金色夜叉」をヴァイオリン伴奏で歌うのを見物する（『幼年』175頁）。
⑬竹屋が荷車を曳いて**「竿やあ、竿竹。物干竿はいかが」**と呼びながら横丁に入ってくる（『幼年』194頁）。
⑭大正七年頃、練兵場へ通う兵隊が隊伍を組み、軍歌を歌いながら通り過ぎる（『少年』18頁）。
⑮西條八十の童謡を読んで、故知らぬ哀しい気持ちに誘われる（『少年』94頁）。
⑯親戚のクリスチャン一家のクリスマスに招かれて「聖しこの夜」を聞く（『少年』100頁）。
⑰小五の秋、小児結核のため二か月半入院し、看護婦たちから「宵待草」「籠の鳥」「煙草の歌」などの流行歌を教わる（『少年』110頁）。
⑱小六の夏、叔父・洋吉が「デカンショ節」を踊りながら歌って教えてくれる（『少年』122頁）。
⑲口演童話の演者が「われは海の子」に合わせて舟漕ぎ体操をするのを観る（『少年』154頁）。

幼年期・少年期の大岡のうた環境は、実に多彩なジャンルに及んでいたことが分かる。子どものために作られた「唱歌」や「童謡」、大岡自身が創作した「童謡」、子どもたちが歌い継いだ「悪口唄・からかい唄」、子どもと大人が一緒に歌った「讃美歌」、さらには大人たちの間で歌われていた「流行歌」「俗謡」「仕事唄」「軍歌」などもしっかりとその耳に受けとめていた。

（6）山中恒『ボクラ少国民と戦争応援歌』

山中恒は『とべたら本こ』『ぼくがぼくであること』をはじめとする児童よみもの作家として活躍する傍ら、戦時下の子ども時代を検証する「ボクラ少国民」シリーズ全六巻をはじめ数多くのノンフィクションを発表し続けている。前節までに取り上げた四名が一九一〇年前後の生まれであるのに対して、山中は一九三一年生まれであり、約二〇年ずれているが、大正デモクラシーと自由教育、児童文化運動の隆盛から、凶作・不況・経済恐慌の中で軍国主義と国家総動員のファシズム体制へと急展開していく社会の有り様を、「子どものうた」を指標として回想した本書は、大正から昭和前期の子どものうた環境を考察する上で大きな示唆を与えてくれる。

山中恒は一九三一年七月、北海道小樽市に生まれる。父親は看板店の店主で、恒は四人兄弟の長兄だった。父が単身北京に渡り看板店を開いたのに伴って、母と四人の子どもは恒が小二の時に神奈川県平塚市に転居する。以後、一九四五年三月に家族と一緒に小樽へ疎開するまで平塚で過ごす。

本書の主題が「戦争応援歌」であるため、このジャンルのうたが占める割合が必然的に多くなっているが、以下具体的に見ていこう。

①父親の看板店で働く若い見習い画工（「あんちゃん」）た

ちが歌ったりレコードで聞いたりしている流行歌を耳にする。「酒は涙か溜息か」「丘を越えて」「影を慕ひて」「サンタルチア」など（文庫版12－14頁）。

②母親が歌う調子外れのシューベルト「子守唄」、ドリゴ「セレナーデ」、グノー「アヴェ・マリア」などを聞く（12頁）。

③あんちゃんたちの仕込みで、「赤城の子守唄」「国境の町」「旅笠道中」「忘れちゃいやよ」などの流行歌をあんちゃんたちや母の前で歌う（20頁）。

④母親にしつこく「赤い鳥童謡」を歌って聞かせられる。「かなりや」「お山の大将」「雨降りお月さん」「この道」「からたちの花」など（21頁）。

⑤一九三四年頃から「時局歌謡」なるものが作られ、レコードで家庭や学校に持ち込まれる。初期のものとして「満洲行進曲」「討匪行」「肉弾三勇士」などがあり、自分も歌ったがあまりなじめなかった（22頁）。

⑥一九三七年「支那事変」が始まる頃から出征兵士を送るパレードが頻繁に行なわれ、「日本陸軍」か「戦友」が歌われる（31頁）。路地裏でこのパレードの真似をして、軍歌を歌って行進しながら遊ぶ（32頁）。グリコのおまけに「グリコ文庫」があり、軍歌集も収録されていたため、これを読んで憶える（36頁）。

⑦隣のガラス屋に姉妹がいて、昔話の唱歌「桃太郎」「浦島太郎」「金太郎」「一寸法師」「花咲か爺」「舌切り雀」「大江山」「さるかに合戦」「うさぎとかめ」「牛若丸」などをよく歌っていた。母親にせがんでこれらの歌を聞かせてもらう（38－39頁）。

⑧ガラス屋の姉妹に対抗すべく、流行歌「ああそれなのに」を歌って、母親から手ひどく叱られる（40頁）。

⑨南京陥落の祝賀パレードで昼間は「進軍の歌」、夜は「露営の歌」が歌われる。小学生たちも、学齢前の子どもに見せびらかすみたいに誇らしげに「進軍の歌」を斉唱しながら行進する（42頁）。

⑩一九三九年、平塚の小学校二年に転入した日、学芸会が開かれており、「新作童謡」の「をじさんありがとう」が聞こえてくる（50頁）。また毎日朝礼の後、スピーカーから流れる「国民愛国歌」の「愛国行進曲」に合わせて校庭を一巡して教室へ入る（52頁）。

⑪小学校で四大節の式典が行なわれ、式歌、国歌、勅語奉答歌を斉唱する（64頁）。

⑫昭和一五年（一九四〇）という年は、紀元二六〇〇年奉祝のための歌「紀元二千六百年」で明け暮れる（71-74頁）。

⑬同じ年、担任の目を盗んで灰田勝彦の歌う流行歌「燦く星座」を歌う（79頁）。

⑭毎朝の朝礼の後の校庭一周行進に「太平洋行進曲」が流れる。この歌詞が、海軍を志願する動機となったという人もいた（81-82頁）。

⑮一九四一年四月から尋常小学校が国民学校になり、教科書の歌詞やメロディが変わる（83-104頁）。

⑯アメリカ・イギリス系の曲がマス・メディアから追放される。童謡「赤い靴」「青い眼の人形」なども同様の措置（132頁）。

⑰小学四、五年生になると、学校の外で唱歌を歌うことはほとんどない。新軍歌、戦時歌謡、映画の主題歌、おとなの流行歌など、「おとなの歌」が多い（180-181頁）。

⑱集団学童疎開で出発する際、子どもたちは「青葉茂れる桜井の」や「子を頌《たた》ふ」を歌う（237頁）。また「父母のこゑ」は集団疎開のテーマ・ソングと言われた（239頁）。

⑲疎開学童や少国民たちに歌われた「時局童謡」として「欲しがりません勝つまでは」と「勝ちぬ

く僕等少国民」がある（248 - 254頁）。

一九三〇年代後半から一九四五年八月の敗戦までの「子どものうた環境」は、子どもに向けての「新作童謡」や「時局童謡」、学校で歌わされる「式典歌」や「少国民」向けの「唱歌」、大人向けの「戦時歌謡・時局歌謡」や「新軍歌」等、さまざまなジャンルの「戦争応援歌」によって占められており、天皇を称え国の為に身を捧げることを至上命題とするよう、「うた」を通して子どもたちは叩きこまれた。その一方で、親や教師の目を盗んで、「時局」に関係しない流行歌を口ずさんで楽しんだ。また、母親が勧める「赤い鳥童謡」への嫌悪感も綴られている。

なお山中は、本書では「戦争応援歌」の替え唄については触れていないが、別の著作（『子どもが少国民といわれたころ』一九八二）の中では、軍歌「月月火水木金金」の替え唄「夜ノ夜中ノマックラ闇デ…」（251 - 252頁）、「討匪行」の替え唄「何時マデ続ク此ノ戦」（253頁）、流行歌「湖畔の宿」の替え唄「キノフ生マレタ豚ノ子ハ…」（252頁）などを紹介し、これらの唄を歌ったことを挙げている。

（7）母 - 鵜野温子 - の証言

最後に取り上げるのは、筆者の母、鵜野（旧姓佐藤）温子《はるこ》の証言である。二〇一八年七月下旬と八月中旬、二回に分けて聞き取りを行なった。温子は一九二九（昭和四）年二月に岡山県真庭郡（現在の真庭市）美甘村の農業と林業を営む佐藤和一郎と澄江の次女として生まれた。九歳離れた姉益子との四人家族で、その他に、後に益子と結婚して佐藤家に婿入りすることになる学校教師の京一が同居していた。

当時の日本社会は経済恐慌に農作物の不作が追い打ちをかける厳しい時代だった。また佐藤家では、温子が生まれた時には既に他界していた祖父が生前、連帯保証人になっていたことから巨額の負債を抱え、屋敷を売却して引っ越し、その後も返済に追われていた。現金収入を求めて母澄江が土方をするなど家計は困窮していたが、家族みんなに可愛がられて育ったと語る。

温子２歳

温子自身はひもじい思いをしたことはなく、

①幼い頃に両親や姉から、うたや昔話を聴かせてもらった記憶はほとんどない。ただ一つ、田植えの時期に手伝いをしながら父和一郎から「夏は来ぬ」（一八九六年発表の文部省唱歌、佐佐木信綱作詞・小山作之助作曲）を聴かされたことを憶えている。

②家には京一が持ち込んだと思われる蓄音器があり、幼い頃、誰かが「東京音頭」のレコードをかけ、この歌に合わせて踊らされる。家にはラジオも本（雑誌類を含む）もない。

③近所の子どもと、お手玉をしながら「もしもしかめよ」を歌う。「せっせっせ」（手合せ遊び）で「茶摘」を歌う。遊びうたとして、他に「大波小波」（なわとび）、「お土産三つにタコ三つ」（鬼ごっこ）など。

④地域の盆踊りで「松山踊り」や「やとさ」を、音頭取りの歌う唄に合わせて踊る。初盆には縁側に新仏《にいぼとけ》の遺影と位牌を並べて、盆踊りを見せる。

⑤冬になると芝居一座がやってきて、一軒の家に泊まり、しばらくの間そこで芝居を上演していたので観に行く。うたも聴いたと思うが憶えていない。

⑥小学校は四年まで分教場に通う。一年から四年まで一緒の教室で、一人の教師に教わる。唱歌の時間も四学年一緒。何を歌ったか憶えていない。オルガンが一台あり、先生も弾けたのではないかと思うが憶えていない。

⑦五年生になった一九四〇（昭和一五）年四月から本校に通うようになり、校歌を歌う。四大節には全員登校し、式典歌（「一月一日」など）と国歌「君が代」を歌い、校長先生が白い手袋をはめて「教育勅語」を詠み上げるのを聞く。

⑧五年生の頃から、「紀元二千六百年」「愛国行進曲」「海行かば」「月月火水木金金」等、戦争の歌を歌うようになる。

⑨小学校卒業後、高等科に二年通っていた頃、青年団活動をする中で、大阪から疎開してきていた子どもたちと一緒に大人の流行歌を歌う。

温子の子ども時代のうた環境は、決して豊かなものとは言えない。特に両親には、うたや昔話を娘に聴かせるような精神的な余裕はなかった。それでも、だからこそ、父親（筆者にとっては祖父）が歌ってくれた「夏は来ぬ」は、その時の田んぼの畦道から眺めた情景とともに、かけがえのない思い出として温子の胸に深く刻み込まれているようだ。

卯《う》の花の　匂う垣根に／時鳥《ほととぎす》　早も来鳴きて／忍音《しのびね》もらす　夏は来ぬ

五月雨《さみだれ》の　そそぐ山田に／早乙女《さおとめ》が　裳裾《もすそ》ぬらして／玉苗《たまなえ》植うる　夏は来ぬ

温子が唱歌や童謡に本格的に触れたのは小学校教師になって以降のことで、子ども時代の記憶にはほとんどないという。一方、山中の言う「戦争応援歌」については、本校に通うようになって以降よく耳にし、歌っていたという。大正中期から昭和初期にかけての子どものうた環境が、地域や家庭の状況によって多様であったのに対して、一九四〇年頃からは、温子が生まれ育った岡山県北の寒村農家を含め、地域差や家庭差に関係なく、日本中が「戦争応援歌」一色に染められていったということだろうか。

（8）まとめ

以上六名が歌い聞いたうたを、ジャンル別に分類して配列したのが表1．「大正～昭和前期の子どものうた環境：六名の証言」（本書174－175頁）である。この表より、近代以前から歌い継がれてきた「伝承子守唄」や「わらべ唄」、「年中行事や祭事の唄・唱えごと」、大人を主たる対象とする「芸能の中の唄や唱えごと」、近代以降、明治政府によって普及が主導された「唱歌」や「式典歌」、『赤い鳥』をはじめとする児童雑誌に掲載された「童謡」、西洋文明の移入に熱心な親や教員によって供与された「クラシック歌曲」、キリスト教や仏教の布教と結びつけて歌われた「宗教歌」、大人の間で流行っていた「流行歌」等々、さまざまなジャンルのうたが、子どものうた環境を構成し、そこには性差や社会格差や教育格差が反映していることが確認される。

そして日中戦争が本格化し軍国主義への道を邁進していく一九四〇年頃からは、「式典歌」や、「戦時童謡・軍歌」などの「戦争応援歌」が、子どもの世界をも覆い尽くしていく。だが、そうした中でも子どもたちは、大人の流行歌や風刺的な替え唄を、時には密かに、また時には大人に叱られてもおおっぴらに歌っていた。そうすることでストレスを発散させ、なんとか心のバランスを保とうとしていたと考えられる。

一方、今日の子どもたちや若者たちは、どのようなうた環境に置かれているのだろうか。「赤い鳥時代」よりもさらに多様性が進んでいると言えるだろうか。配信され供与される音楽情報は、質量ともに百年前の比では到底ないことは言うまでもない。だが果たして、彼らが主体的に受けとめ、口ずさんでいるうたにはどのような多様性が見られるだろうか。「童謡」や「唱歌」は含まれているか。そしてまた、そこにも性差や社会格差や教育格差は反映しているのだろうか。そんな問いが次々と浮かんでくる。今後の課題としたい。

注

1　ここに列挙した著書のうち、金田一（一九七八）には、自身の子ども時代の回想が数多く含まれている。

☆表1・「大正～昭和前期の子どものうた環境：六名の証言」

	伝承子守唄	わらべ唄	年中行事や祭事の唄・唱えごと	芸能の中の唄・唱えごと	唱歌・式典歌	童謡
岡田妙子	「中国地方の子守唄」の元唄	手まり唄「てんてんてんまり」、お手玉唄「一にたちばな」、「お猿さんの唄」、「お月さまの唄」、「雷さんの唄」		のぞきからくりの唄、人形芝居の義太夫節		
船曳テイ			呑竜様への祈願の唱えごと、お盆の唄、盆踊り唄、田植え唄、田草取り唄、十日夜の唱えごと、大晦日の唱えごと、節分の唱えごと、「火の用心」	瞽女唄	「われは海の子」	
古島敏雄		お手玉唄「おひとつ」、手合せ唄「青山御所から」、「かごめかごめ」、「天神様の細道」	どんど焼きの唄	瞽女唄、三河万歳・猿廻しの唄	「お正月」、幼稚園唱歌	白秋・雨情の童謡、「かなりや」
大岡昇平		お手玉唄「西條山は霧深し」		「金色夜叉」	運動会の応援歌「わが肉踊り」、教育歌「金剛石も磨かずば」、四大節の式歌・国歌・「教育勅語」、「海」「蛍の光」「仰げば尊し」「われは海の子」	西條八十の童謡を読む。
山中　恒					「桃太郎」「浦島太郎」「金太郎」「一寸法師」「花咲か爺」「舌切り雀」「大江山」「さるかに合戦」「うさぎとかめ」「牛若丸」、四大節の式典で式歌・国歌・勅語奉答歌を歌う。	「かなりや」「お山の大将」「雨降りお月さん」「この道」「からたちの花」、（「赤い靴」「青い眼の人形」がマスメディアから追放される。）
鵜野温子		なわとび唄「大波小波」、鬼ごっこ唄「お土産三つにタコ三つ」	「松山踊り」「やとさ」「てんこ踊り」	芝居のうた	「夏は来ぬ」、お手玉唄として「もしもしかめよ」、手合せ遊び唄として「茶摘」、小学校校歌、四大節の式歌・国歌・「教育勅語」	

悪口唄・悪態、替え唄、まじないの唱えごと	戦争応援歌（時局歌謡、時局童謡、軍歌）	大人の流行歌、俗謡、仕事唄	宗教歌	クラシック歌曲
		傷痍軍人の歌う唄	讃美歌	
百人一首の替え唄、隣りの集落の子どもへの悪態、むじなにだまされないためのまじない			念仏、御詠歌	
姉の着物の仕立て直しを着ていると「女の着物」とからかわれる。泣くと「雨が降った」とはやし立てられる。男と女が一緒に遊んでいるとからかわれる。隣の小学校を囃す。	兵隊が隊伍を組み軍歌を歌って通り過ぎる。	「カチューシャの唄」、土方たちの唄、竹屋の触れ歩く唄、「宵待草」「籠の鳥」「煙草の歌」「デカンショ節」	「聖しこの夜」	
	「満洲行進曲」「討匪行」「肉弾三勇士」「日本陸軍」「戦友」「進軍の歌」「露営の歌」「をじさんありがとう」「愛国行進曲」「紀元二千六百年」「太平洋行進曲」「青葉茂れる桜井の」「子を頌（たた）ふ」「父母のこゑ」「欲しがりません勝つまでは」「勝ちぬく僕等少国民」	「酒は涙か溜息か」「丘を越えて」「影を慕ひて」「サンタルチア」「赤城の子守唄」「国境の町」「旅笠道中」「忘れちゃいやよ」「ああそれなのに」「燦く星座」		シューベルト「子守唄」、ドリゴ「セレナーデ」、グノー「アヴェ・マリア」
	「紀元二千六百年」「愛国行進曲」「海行かば」「月月火水木金金」	「東京音頭」		

第三章　笠木透の人生と替え唄

子どもの頃、特に思春期前後の男の子にとって、母親をはじめ大人たちに聞かれたら眉をひそめられそうな替え唄に関心を持つことは、ごく自然な心性であろう。だが笠木透の場合、大人になってからも関心を持ち続け、国内各地のみならず国外にまで足を運んでこれを集め、自らのステージで歌うという活動を晩年まで行なった。これはきわめて稀有のことと思われる。その背景にあるものは何だろうか。

笠木は二〇一四年一二月、直腸癌のため七七歳で逝去した。生前、筆者は残念ながら一度もお目にかかったことはなく、亡くなられる八ヶ月前から電話と手紙で数回、筆者が編集委員を務める雑誌への原稿依頼[注1]のための事務的なやりとりのみであり、本格的な取材はできなかった。そこで本章では、笠木が一九八三年から一九九八年にかけて出版したエッセイ集や対談集五冊[注2]、一九九五年から一九九九年にかけて出版したCDブックス三部作[注3]、二〇一〇年から二〇一四年にかけて出版したCD文庫八部作[注4]に記した笠木自身の文章、さらに奥様の笠木由紀子氏と友人の増田康記氏の証言[注5]に基づいて、笠木の生涯を辿りながら、彼の人生における替え唄の意味について考えてみたい。

（1）替え唄を口ずさんだ「少国民」

一九三七年（昭和一二）一一月二日、笠木透は岐阜県恵那郡岩村町に生まれた。歳の離れた姉、妹との三人兄弟で、父親は生糸の会社に勤めていたが、この年の九月二二日に召集令状が来て二五日に入隊、一〇月一一日に上海に上陸していた（笠木『昨日生れたブタの子が　戦争中の子どものうた』一九九五：6）。「幼稚園の頃には、戦況は悪化、B29による空襲が始まった。灯火管制といって、夜になると、裸電球に黒い布をかぶせ、小さな丸い明かりの下で、息を詰めて暮らしていた。あのときの閉塞感と、おびえた、凍りついたような日々を忘れることはできない」（笠木「戦時下の子どもがうたった歌」二〇一四：69）。

一九四四年四月、岩村町の国民学校（後の岩邑小学校）に入学。笠木は子どもの頃の替え唄とのかかわりを次のように記す。「当時、幼かったぼくらは少国民と呼ばれ、その少国民に、軍部や権力者たちは、軍人や軍隊へのあこがれをうえつけようと、たくさんの歌を作って、うたわせようとした。……あの頃、ぼくらは『大きくなって何になるの』と聞かれると男の子は『大将』で、女の子は『看護婦さん』と答えていたらしい。……たとえ他になりたいものがあっても、絶対に口にすることはなかった。それを言ったが最後、『非国民』と指さされ、みんなの中へは入れてもらえないことは、火を見るよりも明らかだった。口をひらけば、たてまえでみんなが同じことを言う。これが戦争の実態だ」（笠木『昨日生れたブタの子が』一九九五：14）。笠木をはじめ「少国民」たちは皆、「僕は軍人大好きよ」「兵隊さんよありがとう」といった歌を繰り返し歌わされる中で、軍国少年、軍国少女になっていった。

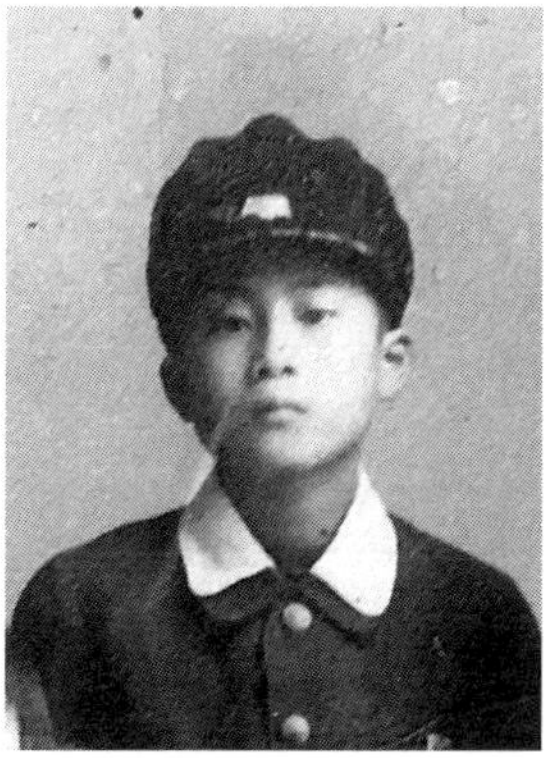
小学3年生の頃

けれどもその一方で、笠木は次のような替え唄を密かに口ずさんでいたという。**「ぼくは軍人大きらい／今に小さくなったなら／おっ母ちゃんに抱かれて　乳のんで／オナカの中へ消えちゃうよ……」**。この替え唄について笠木は以下のように振り返る。「子どもたちには、戦争反対の考えや、軍国主義に反抗しようなどという意図も言葉もない。だが、替歌《ママ》を作る遊びとパワーはあったのです。この替歌（＝「ぼくは軍人大きらい」…筆者注）も替歌のセオリーで、反対言葉にしてやれ、といった、ことば遊びから生れたものだろう。が、出来てみると、どこかで戦争はイヤだと思っている子どもたちの心にピタッと来るものがあって、全国のあちこちへ伝わっていったのに違いない。……戦争で逃げ場を失った、兵隊や子どもたちの、最後の逃げ場所は、お母さんのオナカの中に違いない。困ったとき、ぼくらは、そこに逃げこみたいのだ。そんなぼくらの中にある、ぼくらの本能と願望をこの替歌はハッキリさせている。遊びで作った替歌が、結果としてではあっても、あの戦争に生れた替歌の中でも、もっとも次元の高い反戦歌となってしまったことに、ぼくは大きな拍手を送りたい」（笠木一九九五：15）。

「湖畔の宿」の替え唄も笠木たち少国民の愛唱歌だった。**「昨日生れたブタの子が／ハチに刺されて名誉の戦死／ブタの遺骨はいつ帰る／昨日の夜の朝帰る／ブタの母ちゃん悲しかろ……」**。「ぼくら少国民は、この静かにヒットしていた恋の歌（＝「湖畔の宿」…筆者注）を、戦争の悲惨さをうたう歌にしてしまったのですから、さすがです。権力は、元歌は禁止したものの、この替歌が口から口へひろがっていくことだけは止めようがなかったのです。戦争も後半になると、ぼくらは、日の丸を持って、駅へ遺骨をむかえに行くことが多くなりました。元気いっぱい『行ってまいります』と出征していった兵隊さんが、白い布につつまれた、小さな白木の箱となって帰ってくるのです。そのうち、白木の箱には、石ころがひとつ入っていただけだそうな、とか、何も入っていなかったらしい、といったウワサ話が聞こえてきました。……この替歌を、意図して作ったもののように解釈し、これは出来すぎで、理が勝ちすぎているという人もいるけど、ぼくはそうは思わない。遊んでいたら、こんなものが出来てしまったのです」（笠木一九九五：19）。

「ぼくらは、あの暗黒の時代に、これらの替歌を歌うことで、自分をはげまし、心をいやしていたのです。戦争中の替歌など、低俗で下品で、単純で軟弱で、こんなものは芸術ではない、とおっしゃる人もいることでしょう。でも、あの時代、ぼくらにとってこれがうたであり、これが芸術だったのです。ほかに何があったのだろう」（笠木一九九五：22）。

「少国民」笠木透にとって替え唄は、人間としての本能と願望の表出であるとともに、自らを励まし、心を癒してくれるものであり、かけがえのない「遊び」でもあった。

（2）生活綴方を反面教師として

一九四五年八月一五日、アジア太平洋戦争（十五年戦争）敗戦の日、笠木は国民学校の二年生だった。戦地から帰還してきた父親は、製糸会社のサラリーマン生活に戻ったが、戦場の後遺症を抱え、夜になるとうなされ、腰痛と胃腸病に悩まされる一方、休日や会社の終わった後には、畑仕事など家の用事もせずにテニスや弓道に出かけていた。そんな「自らの生を確かめたくて、遊ぶことに夢中になっている」父親と、「必死になって暮らしを支え、自らを犠牲にしてでも、子どもを守ろうとしていた」母親の間には喧嘩が絶えず、いさかいの間、笠木は小さな妹を連れて、家の外へ避難していたという。

「怒声が止み、静かになって、もう終わったかな、と、そっと玄関の引戸をあける。『よかった』と思った瞬間に、また茶わんの割れる音がして、再びそっと戸を閉じて、涙いっぱいの妹を抱いていたときの悲しさは、いまでも忘れることができない」(笠木『私に人生と言えるものがあるなら』一九九八：216-218)。

ところで、岩村町を含む岐阜県恵那地方は、戦後、「子どもたちが、自分や、まわりの社会を、ありのままに見つめ、自分のことばで、それを表現すること」(笠木一九九八：215)を求める「生活綴方」を中心に据えた教育実践を行なった「恵那の教育」として全国的に知られている。新制の岩邑小学校四年生の笠木もまた「ありのままに書きなさい。そして、その問題がなぜ起きたのか、原因を考えなさい」と教師に要求され、それが大変な苦痛だったという。困った挙句、「ひとマスひとマスを、文字とも、記号ともつかぬ、マルや三角や、バツ印のようなものでうめつくしたノート」を提出したこともあった(笠木一九九八：218)。「綴方は、あったことが基本で、あったことしか書けないし、あったことを書くのだが、その、あったことを誇張したり、大胆にカットしたり、想像したり、ときには、エソラゴトや、ウソまでも書かなければ、真実が見えてこないこともあるのではないか。その一瞬の楽しさ、たまにしかない人間らしさを切りとって、それを書けば、あとのほとんどの時間が真暗闇でも、希望が持てる。人間は、どんなに厳しいときでも、明るさを見ているのだ。それが生きていく力なのだろう。希望を抱くためには、ウソや、エソラゴトも必要なのだ」(笠木一九九八：220-221)。

その一方で、自分の生活を自分のことばで表現することを基本姿勢とする自身のフォーク・ソング作りの土台が、生活綴方教育にあったことを笠木は認めている。「書けなくても、綴方で育ったのだ。自分を表現することの大切さを教えてもらっていたから、フォーク・ソングが直感で分かったのです。綴方教育の土壌があったから、その方法と精神は、いつの間にか、ぼくの中で定着し、育っていったのだろう」（笠木一九九八：223）。

後年、笠木のコンサートの中では、憲法や平和や環境の問題を自身の生活と結びつけストレートに表現した硬派の歌がうたわれる一方で、替え唄や春歌が重要なレパートリーとして組み込まれていた。それはおそらく、現実をひっくり返すことで生まれる楽しさや明るさを内包する替え唄の価値や、生きる姿勢における硬軟のバランス感覚を、反面教師としての生活綴方を通して、笠木が身につけていたからに違いない。[注6]

（3）学生運動への情熱と「心に沁みるうた」

岐阜県立岩村高等学校に進学した笠木は、同校のバンカラとアカデミズムの校風と、同級生からのマルキシズムの洗礼によって、新聞部を拠点に勉強をそっちのけで校内改革や社会的活動に奔走する。大学は、義兄（姉の夫）の近藤武典が教員だったことなどの影響により、教員を目指して岐阜大学学芸学部に入学するが、一年の時に自治会の副委員長になったのを手始めに、砂川闘争、任命制教育委員会や勤務評定への反対闘争、六〇年安保闘争と、学生運動に情熱を注ぎ、疾風怒涛の高校・大学時代、留年も含めた八年間を過ごす。

替え唄とは最も縁遠いように思われるこの期間であるが、替え唄の本質にもかかわる二つの歌との出会いがあった。一つ目の出会いは、大学一年の秋、東京都砂川町におけるアメリカ空軍の基地拡張に反対して農民と労働者と学生が一緒になって闘った、いわゆる「砂川闘争」に参加した時のこと。強制測量をさせようとする機動隊と、阻止しようとする笠木たち反対同盟側が芋畑を踏み潰しての激しい攻防を行なった末、強制測量が始まり、機動隊に守られて杭が打たれるのを、反対同盟側はスクラムを組んだまま凝視していた。その時、どこからともなく歌が口ずさまれる。**「夕焼け小焼けの赤とんぼ　おわれて見たのはいつの日か……**。ぼくらは泣いていた。農民も労働者も学生も、ドロにまみれ、汗と涙でくしゃくしゃになった顔をふくこともせず、腕を組んだまま泣きながらうたった。……あの歌しかなかったのか。農民も労働者も学生も一緒にうたえる歌は、ほかにないのか。闘いの歌や、労働歌はいっぱいあるのに、闘いに破《ママ》れたときにうたう歌はないのか」（笠木『わが大地のうた』一九八五a：73-74）。

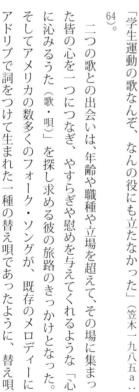

二つ目の歌は、大学二年の夏、後に映画「あゝ野麦峠」で有名になった岐阜県高根村の野麦郷で、地元の青年たちに何とか打ち解けてもらおうと歌った「お月さん今晩は」という歌謡曲。**こんな寂しい田舎の村で　若い心をもやして来たに／可愛いあの娘は　おらを見捨てて／都へ行っちゃった　リンゴ畑のお月さん今晩は／うわさをきいたら　おしえておくれよな……**。この歌のおかげで、話のきっかけが生まれ、座がなごんで来た。「学生運動の歌なんぞ、なんの役にも立たなかった」（笠木一九八五a：64）。

高校時代

二つの歌との出会いは、年齢や職種や立場を超えて、その場に集まった皆の心を一つにつなぎ、やすらぎや慰めを与えてくれるような「心に沁みるうた（歌・唄）」を探し求める彼の旅路のきっかけとなった。そしてアメリカの数多くのフォーク・ソングが、既存のメロディーにアドリブで詞をつけて生まれた一種の替え唄であったように、替え唄には一緒に歌う人びとの心をつなぎ、やすらぎや慰めを与える力を持っていることを、笠木は予感していたのかもしれない。

（4）フォーク・ソングとの出会い

大学卒業後、天職とも感じていた教職に就こうと志願するが、学生運動の活動家であった前歴が災いしてか、正規採用はされなかった。しかし、結核の療養のため病院に通いながら、地元岩村町の小学校に臨時教員として二年間勤務し、自由奔放な教育実践を行なう。「たとえばなるべく教科書はやらないとか、一日かかってソリを作り、次の日はそれを持って一日山へ遊びに行くとかそんなことばかりやっていました。今でも《語り草》なのは、日刊新聞を子どもたちと作ったことです。クラスを四つにわけて四つの新聞社を作りそれが毎日交代して新聞を作るんです」（笠木『ただうたいたいためだけにうたうのではない』一九八三：18）。

正規教員の採用試験を「幾度受けても受からなかった」こともあり、病気の方もストマイ、パスといった抗生物質の薬剤のおかげで快復したことから、一九六三年に上京し、教育関係の出版社に就職する。しかし、高額の事典や図鑑のセールスを業務とする生活に、二か月後には「おれはこの会社にはおれんぞ」という気がしてくる（笠木一九八三：20）。そこで翌一九六四年、教員をしている妻が暮し（笠木は学生結婚していた）、両親も引っ越してきていた中津川市で、この出版社の代理店を父親と一緒に始める。「中津川なら同期の先生から先輩から親戚から教員の顔はいくらでもあるわけで、学校相手だから夏休みも冬休みもあるし、半日働けばそう仕事量もあらへんし競争相手もそうあらへんし、半分は仕事、半分は遊び、ということに体質に合った生活になりました」（笠木一九八三：24）。

中津川には教員の義兄・近藤武典がおり、近藤は前年一〇月に前身の「中津川労芸（勤労者芸術協議会）」を発展解消して「中津川労音（勤労者音楽協議会）」を発足させ、その中心メンバーとして活動していた。近藤に「おまえ、昼間ひまだし手伝わんか」と声をかけられ、労音の手伝いをするようになる。「ひじょうに消極的なひとりの会員にすぎ」ず、「たまたまひまやから」（笠木一九八三：25）というぐらいだった笠木が、「音楽をやらないかんと思い始めた」きっかけは、一九六六年七月一七‐一八日に名古屋市公会堂で行われた中部労音合同例会のベトナム中央歌舞団公演を観たことだったという。[注7]

それはぶったまげたのです。なぜベトナム歌舞団で感動したかというと、それは「戦争してるのに歌を作っている」という事実でした。要するに、中身も良かったのだけど、むこうの姉ちゃんがしゃべっているのを、通訳を通して聞いていると、彼女のうたった歌は半年ばかり前に遊撃隊が作った歌や、というわけです。それを私たち歌舞団が習っていま歌っておる、と。その遊撃隊は、昼間は田んぼで百姓やっとって、飛行機がとんで来たらパァーッと撃って、行っちゃうと昼めし食って歌を作ったりするというのです。

考えてみれば日本の第二次大戦も「ほしがりません勝つまでは」で、戦争のためすべてを犠牲にして闘って負けた。おれの安保闘争も献身的に活動ばっかりやって負けた。ベトナムは、めしを食っとるのか遊んどるのか、働いとるのか鉄砲うっとるのか、下手すると戦争しているのか遊んでいるのかわけわからんような戦争をやっとる、えらいもんやな、と思った。こんな戦争の仕方があるんだということを初めて知るわけです。ベトナム歌舞団の歌や話を聞きながらぼくは変わっていくのです。革命にしても戦争にしても生きるか死ぬかだから、すべてを犠牲にしてやるもんだと、それまでぼくは固く信じていました。「本当に人間が闘いをしていくんだったら、ああ、こうやらにゃあかんのじゃないか」とそこんとこでひらめいたのです。しかも何年かたってああいうやりかたでベトナムは勝利して行くのです。

ぼくはずっと歌とか音楽とか芸術とかを無視して来た。社会科学の勉強とか思想とかポリシーのことばっかりで、観念だけを変えようとして来て、感性の方はむしろ必要ないくらいに思っていたことに気づきました。安保闘争に負けた後スランプにおちいったのはここのところではないかと。人間に理性・知性の部分しか見ず、感性の部分をまったく欠落させて考えていた。そのあやまちに、やっと、気がつくわけです。おれは今まで人間を不遜にも頭だけが変わればいいと思って革命を語り、「核」を語り、観念だけで運動をやってきた。これではスランプにおちいるはずだとやっと納得できたわけです。これはいかなんだ。われわれの安保闘争はあれでは勝つはずがないと。それからなんです。それじゃおれも歌をやってみたい、作ってみたいと思うようになったのは（笠木一九八三：25－27）。

ベトナム中央歌舞団公演の直後に発行されたと思われる「中津川労音」一九六六年八月号（No. 27）の扉頁に匿名のコラム「フォーク・ソング」が掲載されている。[注8]

フォーク・ソングの良さ、魅力はどこにあるのだろう。何か話しかけるような、何か心に訴えかけてくるような、そんな感じがする歌……わたしたちの生活の中から生まれた感情を、どちらかといえば平穏な、だけど美しいメロディーにのせて口ずさむように歌う……しずかにギターをかなでながら……歌われている内容がどんなに激しく、悲しく、切ないものであっても、それらの感情がむきだしにならず、素直に又、素朴さを失わず淡々と流れだすメロディー。

フォーク・ソングにもいろいろな種類があります。生まれた土地によっても違います。歌の内容によっても分けられます。今、私たちが聞こうとしているのは社会的なフォーク・ソングとでもいうのでしょうか。さかんに「乱れちゃっている」とか「世の中は間違っとる」とかいう言葉を聞きますが、こういうことを歌っていく。つまりピート・シーガー、ジョンバ《ママ》エス、ピーター・ポール・マリーのような歌手たちによって歌われる歌、「平和の誓い」「雨に何をしたの」「風に吹かれて」などです。又、悲しいまでに切ない別れの恋歌「五百マイル」。その他「ドナドナ」「コットン・フィールズ」などたくさんあります。私たちの感情を豊かにすることは幸せなことです。自分の「想い」を歌いましょう。

憶測の域を出ないが、この文章は笠木の手によるものではないだろうか。もしそうであるなら、彼の「フォーク・ソング」観がここに集約されていると言えるだろう。

同じ一九六六年、近藤や吉村和彦など中津川の「綴方教師」でもある労音の活動家と一緒に、笠木は文工隊劇団「ぜんまい座」を結成する一方、同年の冬、中津川周辺の民謡の調査を始める。その中で、恵那郡坂下町のおばあちゃんやおじいちゃんたちから、彼らの記憶の底に眠っていた盆踊り唄「音頭与三郎」を聞き出し、最終的に一四〇番まで集める。そしてこの唄をぜんまい座公演のレパートリーのひとつとして歌い始めるとともに、近くの村に「うるし原太鼓」の調査に行って打ち方を習い、これもレパートリーに加えていく。

翌一九六七年一〇月、笠木は名古屋市公会堂でピート・シーガーのコンサートを聴く。[注9] この時のことを笠木は、亡くなる半年前の二〇一四年六月、次のように回想している。[注10]

私はといえば、一九六一年、六〇年安保闘争に負けて、なぜ負けたのか分からず、混乱と動揺に揺さぶられていた。さらに結核となり、明日は見えず、ボロボロになって、長良川の河原にねそべっていた。私の学生運動の終焉だった。歌をうたう気にもならなかった。

アメリカのフォークソング《(ママ)》のことなど何も知らなかった。アメリカも歌もどうでもよかったのだが、六年後に中津川労音に入り、一九六七年に名古屋市公会堂でピート・シーガーさんのコンサートをきくはめになる。私のフォークソングの始まりであった。

同じ一九六七年の一一月、高石ともやを中津川に招いてコンサートを開催。その前座としてぜんまい座が「音頭与三郎」を歌う。一方、高石は「ぼくは、ギターはへただけど、これはアメリカのある名もない人が作った歌です。すばらしい歌でしょう」といいながらピート・シーガーやマルビナ・レイノルズを歌い、笠木と高石は意気投合する（笠木一九八三：36）。このようにして、一九六六年から一九六七年にかけてが、彼の人生のターニングポイントとなった。「フォーク・ソング」が彼の生活の基軸に据えられたのである。

この時以来、笠木と高石とのほぼ半世紀にわたるつき合いが始まるわけだが、本稿の主題に関連するエピソードを一つ挙げておきたい。一九六八年、全国労音が高石ともやに対して、前年には二〇〇ステージを委嘱していたにもかかわらず、自らの主催公演から削除したのだが、その理由が、高石がベ平連[注11]とつきあっているとか、新左翼の学生とつきあっているとかと並んで、彼が春歌を歌うことだった。

「そういうのをやめてくれればステージはたくさん作りますよ。どうですか」というのに対してともや君は「春歌を歌ってはいけないなんてことは困る。ぼくは歌いたい歌をやりたいんです」ということで両者は決裂し、労音の例会がみごとにゼロになってしまうのです（笠木一九八三：37）。

笠木は全国労音に対して激怒し、中津川労音だけは高石を支援し続けると全国の総会で宣言する。それがきっかけとなり、「全国労音」に対する抵抗の証しとしての「全日本フォーク・ジャンボリー」（別名「中津川フォーク・ジャンボリー」）を、笠木が中心となって一九六九年から一九七一年まで毎年八月、三回にわたって開催することになるのだが、このエピソードには春歌や替え唄に対する高石や笠木の姿勢が垣間見え、興味深い。

（5）フィールド・フォークの展開

一九六九年八月九日夕刻から一〇日朝にかけて、「全日本フォーク・ジャンボリー」は岐阜県恵那郡（現在の中津川市）坂下町椛《はな》の湖畔の原野を特設会場として開催された。この会場は、満州開拓団に役場の職員として同行した体験を持つ、当時坂下町町長だった吉村新六が「なにかよう分からんけど、若いものが自力でやると言うのなら、貸してやろう」と応援に乗り出してくれて見つけたもので、「灌木と雑草のほかは何も生えていないでこぼこの原野であり、人家も電信棒も水場もない、すべて一からはじめるよりない、すばらしい土地」だった（笠木『わが大地のうた』一九八五ａ：85）。

ステージや客席のみならずトイレの設営にいたるまで笠木たちと地元の青年有志が準備を進めて当日を迎えた。夕方六時ごろからコンサートは始まった。雨天の中、日付が変わる頃まではアマチュア団体の演奏で、深夜零時を過ぎてからプロが登場した。五つの赤い風船、高石ともや、高田渡、と続き、翌朝九時に迎えたフィナーレの曲は、岡林信康の「友よ」だった。全国から集まった二五〇〇人の観客全員が**「友よ　夜明け前の闇の中で／友よ　闘いの炎を燃やせ」**と歌った。

翌一九七〇年、一九七一年と三回にわたって開催された「全日本フォーク・ジャンボリー」は、日本のフォーク・ソング史上の語り草とされる。特に第三回は三日間の大イベントで全国から三万人以上が集まり、三日目にステージ占拠の大混乱が起こる。

　意図したことではないとしても、結果として、その中央化、商業化、風俗化に加担してしまった無念さを、ぼくは忘れるわけにはいかない。あの時、ドロンコになって走りまわっていたぼくらの思いは、そんな小さなものではなかった。……無念であった。悲惨であった。無力であった。それでもなんとかしたくて、ぼくらは、フィールド・フォークを始める（笠木一九八五ａ：147）。

「フィールド・フォーク」とは、「もともと歌は、大地のうえにあったはずだ、フォーク・ソングを大地の上でうたおう」という呼びかけから始まった運動で、最初の「フィールド・フォーク」には、「アンチ・フォーク・ジャンボリー」というサブタイトルがついており、三回目の「フォーク・ジャンボリー」の二ヵ月前、一九七一年六月に開かれた。瀬戸市の美夜之窯で陶器を作ったり、岐阜県付知の杣工房で木の玩具を作ったり、付知川を下ったり、山に登ったりしながら、その現場でコンサートを開くという、歌と遊びと物作りを一緒にした四日間のイベントだった。

フォーク・ソングが大ブームを迎え、吉田拓郎や井上陽水が年商一〇数億円というメジャーになっていくのと逆行するように、笠木は自問自答を繰り返しながら「フィールド・フォーク」運動に没頭していく。

どうしたら人間らしく生きていけるのだろう。……なにを、どううたおうと、自らの生活を具体的に変えていかないかぎり、空しいばかりだろう。フォーク・ソングがあって生活があるのではない、生活があってフォーク・ソングがあるのだ。人間らしくなるのにはなにをしたらいいのか。どうもこの現代社会のあり方の反対をやるよりないのではないか（笠木一九八五ａ：157）。

この「フィールド・フォーク」の理念を体現すべく、自分たちで自分たちの作った歌を歌うグループとして一九七〇年一二月に結成したのが「我夢土下座《かむどげざ》」である。そして翌年六月の「アンチ・フォーク・ジャンボリー」で初ステージを踏むことになり、直前になってなんとか四曲を準備するが、その中に、子どもの頃に口ずさんだわらべうたのエッチな替え唄「さよなら三角」や、黒人霊歌「山の上で語ろう [Go Tell It On The Mountain]」を意訳した「どうでもいい節」が含まれていた。

いちりっとランラン　らっきょ食ってシッシッ／しんがらもっちゃキャッキャッ　キャベツでホイ／さよなら三角　また来て四角／四角はとうふ　とうふは白い／白いはうさぎ　うさぎははねる／はねるはカエル　カエルは青い／青いはバナナ　バナナはむける／むけるは……　……は長い／長いはエントツ　エントツは黒い／黒いはインド人　インド人は強い／強いは金時　金時は赤い／赤いはざくろ　ざくろは割れる／割れるは……　アホーリャ／いちりとランラン　らっきょ食ってシッシッ／しんがらもっちゃキャッキャッ　キャベツでほい（笠木『ただうたいたいためだけにうたうのではない』一九八三：47‐48）

ゆこうはるかなあの山へ／どこでもいいけど　どうでもいいけど／ゆこうはるかなあの山へ　ころがるぼくら　おお／／ころがるおいらはどこへ行く　俺の人生は／流れ流れてどこへ行く　やつの人生は／／金をかせぐは何のため　俺の人生は／食うだけが目当なら　やつの人生は／助けて神さま御岳山《おんたけさん》／どこでもいいけど　どうでもいいけど／助けて神さま御岳山　ころがるぼくら　おお（笠木一九八三：46‐47）。

以上のように、笠木が始めた「フィールド・フォーク」運動の草創期から、替え唄や春歌は重要なレパートリーだったのである。

（6）フォーク・ソングとしての替え唄との出会い

一九七一年以降、「我夢土下座」として笠木は全国各地でコンサートを行う。一九八五年以降は「フォークス」として、九一年からはソロで活動する一方、「F・F・Cユニオン」を結成し全国各地で自立的にフィールド・フォーク運動を実践する個人やグループのゆるやかなネットワーク化を図った。その理念は一九九四年結成の「雑花塾《ざっかじゅく》」に引き継がれ、笠木は全国各地に散在する「雑花塾」のメンバーと各地でコンサートを行なった。

と同時に彼は、行く先々でその土地に伝わる民謡を尋ねて歩いた。その中で、時代や風土やそこに生きる無名の人びとの想いを刻みこんだ「民衆の唄（フォーク・ソング）」としての替え唄が、アメリカだけでなく日本各地にもかつて存在していたことを、そして今なお息づいていることを発見する。以下、具体例として四つの唄を紹介する。

「民権数え唄」

明治の自由民権運動の思想家、植木枝盛の作と伝えられる。

一つとせ　人の上には人ぞなき　権利にかわりがないからは　コノ人じゃもの
二つとせ　二つとはないわが命　捨てても自由のためならば　コノいとやせぬ
三つとせ　民権自由の世の中に　まだ目のさめない人がいる　コノあわれさよ
四つとせ　世の中開けゆくそのはやさ　親が子どもにおしえられ　コノかなしさよ（後略）

（笠木『私に人生と言えるものがあるなら』一九九八：203）

このあと二〇番まで続く。曲は千葉県銚子の民謡「大漁節」で、「この、最初の、日本のフリーダム・ソングとも言うべき歌が、民謡の替え歌であることが、フォーク・ソングをうたってきた一人として、ぼくには、何より嬉しい」（笠木一九九八：204）。また、自由民権歌の流れをくみ、壮士演歌の始まりであり、日本のプロテスト・ソングの始まりでもある「ダイナマイトドン節」は、自由党の大井憲三郎の作だと言われるが、曲は土佐のヨサコイ節から出たものだろうと笠木は見なしている（笠木一九九八：205）。

「富の鎖」

一九〇四年一二月八日の「平民新聞」に発表。日本最初の社会主義の歌で、作詞者は不詳。

富の鎖を解きすてて　自由の国に入るは今　正しき清き美しき　友よ手を取り立つは今
我身は常に大道の　ソーシアリズムに捧げつつ　励むは近き今日の業　望むは遠き世の光（後略）

（笠木一九九八：265）

曲は軍歌「日本海軍」。大和田建樹作詞・小山作之助作曲。この曲は後年、子どもたちの替え唄「ぼくは軍人大きらい」になる（本書第一部第一章（16）を参照のこと）。そして、一九一〇年の大逆事件で死刑判決を受けて処刑された幸徳秋水が、一九〇五年にアメリカ合衆国へ渡った際、サンフランシスコの日本人移民四〇〇人に行なった演説会の中でこの「富の鎖」を歌った可能性が高いと笠木は記す。「日本替歌《ママ》史上、燦然と輝く名曲ともいえるだろう。この替歌だったことが、ぼくには嬉しい。フォーク・ソングは替歌の歴史でもあるのだ」（笠木一九九八：264）。

「ホレホレ節」

ハワイの日系移民たちが歌ったうたで、「ホレホレ」とは砂糖きびの葉をむしり取る作業のこと。

行こかメリケン　帰ろかジャパン　ここが思案の　ハワイ国
ハワイハワイと　夢見て来たが　流す涙は　キビの中
ホノム極楽　パパイコウ地獄　ヒロのワイアケア　人殺し
カネはカチケン　わしゃホレホレよ　汗と涙の　共かせぎ

（笠木一九九八：268－269）

「カチケンは砂糖きび刈り、カネは夫のこと、ホノム、パパイコウ、ヒロ、ワイアケアは、いずれもハワイ島の地名で、プランテーションのあったところ。ハワイ島のヒロ地区は、雨が多く、労働条件は苛酷で、日本移民労働者のストライキがたびたび起こっている」（笠木一九九八：269）。

このうたの元唄となったのは広島県の瀬戸内の漁師が歌っていた櫓漕ぎ唄と推測される。日本人のハワイ移民は一八六八年から始まり、一八八五年から本格化し一八九四年までの官約移民時代に二万九千人に達する。そして移民禁止令の出る一九二四年までに三八万人を超える人たちがハワイへ渡っていったが、内訳で最も多いのが広島県五万人、ついで山口県四万五千人だったため、広島方言がハワイでの日本語になっていく。そうした事情も、「ホレホレ節」のルーツが広島県の民謡にあるという推測の根拠となっているようだ（笠木一九九八：270）。

「黒だんど節」

鹿児島県奄美大島の島唄のひとつに、奄美の人なら誰でも歌えるという「黒だんど節」がある。この曲に乗せて、名瀬市の女性が学徒動員で行った長崎での原爆体験を歌っていることを笠木は知る。

忘れなりゅんにや　昭和二〇年ぬ　原子爆弾ぬ　忘れなりゅんりや
勝ちぬなりゅんにや　原子爆弾に　竹槍むけたとて　勝ちぬなりゅんにや

以前からある伝統的な歌詞に、この詩が加わって、これが、現代の黒だんど節。島唄は、民謡だが、でも、それは、昔の歌ではなく、新しい歌詞がつけ加えられ、歌い方も変化していく、現代に生きている民謡なのだ。……この歌が、フォーク・ソングであり、現代の民謡となった原爆のうただ。専門家がつくったものでもなく、プロの歌手がうたったものでもなく、民衆が生みだした原爆のうたを聞いて、ぼくは、喝采を送った（笠木一九九八：113－114）。

（7）戦後五〇年とCDブックスの制作

商業主義やマス・メディアに背を向けた岐阜・中津川在住のフォーク歌手としての姿勢を貫き通し

た笠木だが、一九七五年頃から岐阜放送のラジオ深夜番組を担当し、一九八三年九月、安達元彦、木村快との共著『ただうたいたいためだけに　うたうのではない』（同時代社）を、一九八五年一〇月に単著『わが大地のうた』（あけび書房）を出版する一方、一九八六年七月にはＮＨＫ教育テレビ「人間いきいき」に出演し全国放映されるなど、彼の名前は岐阜や東海地方を中心に、次第に知られるようになっていく。

また、笠木の活動は次第に社会性を帯びたものになっていった。岐阜県長良川河口堰反対運動支援コンサート「どてこん長良川'79」（一九七九年）や、山口県・祝島の原発誘致反対運動支援コンサート（一九八八年）をはじめ、この時期、全国各地で発生していた原発誘致問題や米軍基地（反戦平和）問題、環境破壊問題などにおいて少数者・弱者の立場に置かれた地元住民を、歌や遊びやもの作りといった「文化の力」を通じて支援する活動を展開していく。

こうした硬派の活動と並行して笠木は、一九九一年頃に日本春歌学会を設立し、京都をはじめ各地で春歌コンサートの公演を行なう。彼が起草した同学会の以下の規約（未発表）は、パロディ精神の発露を示すと同時に、彼の中で、春歌の称揚が日本国憲法九条の擁護と表裏一体のものであったことを端的に示す。

「性交推奨、男女の性交権の保障」

1．春歌学会は、チンコ・マンコを基調とした男女関係を誠実に希求し、男根の使用または女陰の行使は、夫婦、恋人関係の問題を解決する手段としては永久にこれを支持するものである。

2．前項の目的を達するため、あの手この手、其の他のテクニックを春歌学会は伝授する。男女の性交権は完全に保障する。

一九九五年七月、笠木はＣＤブックス『昨日生れたブタの子が　戦争中の子どものうた』を刊行する。少し長くなるが、その「はじめに」と「おわりに」を引用しておこう。

今年、一九九五年は、日清戦争後百年、十五年戦争後五十年です。日清戦争後五十年は、日露戦争、第一次世界大戦、日中戦争、太平洋戦争と、戦争につぐ戦争の時代でした。この十五年戦争後五十年は、あやうくはあったけど、平和の時代でした。さて、これからの五十年、この国は、どんな時代を歩むのでしょう。今の子どもたちは、平和とともに生きて行くことができるのでしょうか。

戦争を語ることはむづかしい。「戦争なんて、やったものでないと分るもんか」と、戦争を体験したものは、その体験が悲惨で残酷で、非人間的であればあるほど、口を閉ざしてしまうのです。やっとの思いで口をひらいても、「そんなことは、あり得ない」、などと言われ、いくら言っても、分ってはもらえないと、絶望してしまうのです。だが、その沈黙が、その本心が、「分ってほしい」、からだとしたら、ぼくらは何をしたらいいのだろう。

百聞は一見に如かず、どんなことでも体験がもとで、体験から学ぶのですが、戦争だけは、体験してからでは遅いのです。体験してはいけないことを、体験せずに、体験したと同じほどに分るためには、何をしたらいいのだろう。戦争を防ぐには、戦争を知り、戦争を伝えていくことしかないのです。「忘れないこと」が、ぼくら弱い立場の人間たちに出来る、たったひとつのことだとしたら、それが、どれほど困難なことであっても、戦争よりはいいのです。ここにある替歌を、家族や学校で、大きな声でうたってみると、戦争を語り、伝えていく糸口が見つかるかもしれません。笑いころげながら、戦争が見えてくるかも知れません。

これからの五十年、子どもたちは、平和とともに生きていくことが出来るのでしょうか。平和でなければ、なんとしても、平和でなければ、と祈るような気持で、この百年を、あの戦争をふり返ってみたのです。このささやかなＣＤブックスが、平和に生きる知恵と決意を、それぞれが、それぞれの手に、しっかりと握りしめるために、ほんの少しでも役に立てば、どんなにいいだろうと思っています（「はじめに」より）。

軍歌をうたわされた、当時青年だった人たちも、替歌をこっそり、時には大きな声でうたっていた当時少年だった人たちも、戦後生まれの、今はもう人の子の親になった、戦争を知らない子どもたちも、その子どもである、今の子どもたちも、ここに収録した替歌を、みんなで、大きな声でうたってみてほしいのです。きっと、これらの歌の底に流れる、人間らしい思いや心を感じとっていただけることでしょう。どこにも戦争反対といった言葉は出てきませんが、ぼくは、これらの歌を、今の子どもたちにうたってやることが、戦争を伝え、戦争反対につながる、ささやかではあっても、ぼくらに出来る、人間としての仕事だと思っているのです。

これらの替歌をうたいはじめると、全国のどこの子どもたちも、間髪を入れず、瞬時に反応し、笑いころげたり、ヤジをとばしたりします。五十年の時差などどこにもありません。アゼンとして、とまどったり、無反応だったりするのは大人ばかり。頭で分かろうとするからでしょう。誰でも子どもの頃があったはずです。子どもの頃にかえって、心と身体を思いっきり解放して、この替歌をうたってみて下さい。底ぬけにおかしくて、とめどなく悲しいことでしょう。家族や学校で、笑ったり泣いたりしながら、戦争について語りあえたら、どんなにいいだろう、と思っています。あの戦争中に、子どもたちが、こんな替歌を作っていたことが信じられない、という意見がありました。うたっていたぼくも信じられないのですが、これはぼくの創作ではありません。当時の子どもたちの誰かが作って、口から口へ伝《ママ》っていったものばかりです。

　大人たちが口をつぐんでいただけに、当時の子どもたちに、大きな拍手をおくってやりたいものです。でも、今の子どもたちも負けてはいません。湾岸戦争のとき、戦争のバカバカしさを、見事に表現した、「サザエさん」の替歌が生まれました。[注12] また、この春、愛知県のある幼稚園では、こんな替歌が——**となりのじっちゃんばっちゃん／イモ食ってへこいて／パンツが破れて死んじゃったへ**《ママ》——　子どもたちに問題はありません。あるとしたら大人たちのほうでしょう。平和と自由を求めて、この国の人々は、どう闘ってきたのか、そのルーツを、この百年で見ながら、戦争と戦後五十年をふりかえってみたのです（「おわりに」、改行箇所を一部変更）。

　笠木は本書に続いて、一九九六年七月に『君よ五月の風になれ　—日本国憲法５０年—』を、一九九九年九月に『鳥よ鳥よ青い鳥よ　—日本の侵略と韓国の抵抗のうた—』を刊行し、ＣＤブックス三部作を完結させた。ちなみに、『君よ〜』にも一曲（「雲は流れる」）、『鳥よ〜』にも三曲（「少年行進曲」「蜂起歌」「独立軍歌」）の替え唄が含まれている。[注13]

（8）護憲フォーク・ジャンボリーの開催とCD文庫の制作

二〇〇五年からは憲法九条を守る活動を展開、東京で「憲法フォーク・ジャンボリー」を開き、音楽仲間の護憲グループの結成を呼びかけた。二〇〇九年八月には、三八年ぶりの「復活イベント」として地元で「椛の湖フォーク・ジャンボリー」を開いた。そして二〇一〇年からCD文庫の自主制作を開始し、二〇一四年の逝去までにvol. 8まで発行した（笠木の死後、vol. 9と10が発行されて完結する）。このCD文庫発行の動機を笠木は次のように記している。

いま、いよいよ電子書籍の時代となり、読みたい本は、ボタンひとつで、iPadにダウンロードして、いつでも読めるようになってきました。レコードは売れず、本は消えていく、そんな時代に、私たちはこのCD文庫を発行しようというのですから、こんな無茶、無謀はありません。なんというアホか。でも、そう思うあなたにこそ、このCD文庫を開き、読んでいただきたいと思うのです。

人間らしく生きるために必要なものは、いつも手もとにおき、目につくところにはっておかなければいけないのではないか。くりかえし読み、くりかえし見つめることが、人間というこの未熟で、未完成で、いつも間違える生き物には、必要なことではないか。それは電子書籍には不可能だろう。そう信じたくて、このシリーズを始めたのです（笠木透と雑花塾『みんな生きている海—日本国憲法第104条—』二〇一〇：9）。

シリーズのテーマは、発行順に「日本国憲法」「韓国併合一〇〇年」「大逆事件一〇〇年」「非暴力」「東日本大震災」（二回）、「田中正造没後一〇〇年」「平和の暦（Peace Almanac）」と、まさに直球勝負で、笠木の人生の集大成の観がある。これをほぼ半年に一冊（一枚）のペースで発行し、その合間を縫って全国各地でコンサート活動、さらには東日本大震災の後、いわき雑魚塾のCD文庫「でれすけ原発」のプロデュースも行なうなど、最後の五年間、いのちの灯りをひときわ明るく輝かせた。

（9）いのちの讃歌、平和への祈り

亡くなる数ヶ月前、笠木は戦争中の子どもの替え唄の意義について次のように著している。

どんなに暗く、厳しい時代でも、名もない人びとは歌をうたってきたのである。つらく厳しいからこそ、人びとや、その子どもたちは、生きるために必要な歌をうたってきた。詞を替え、心にふれる曲に乗せて、隠れて本音をうたってきた。私はその歌を、戦争中のフォークソングだと思っている。人びとの歌である。いつの時代でも、人びとは、歌などなくても死ぬことはないが、歌がなければ、人間らしく生きてはいけないのだ（笠木「戦時下の子どもがうたった歌」二〇一四：74）。

戦争中に歌われた子どもの替え唄、それは「子どもはかくあるべし」という親や教師や社会の権力行使に対する、子どもたちの無意識のうちの抵抗であり、逆襲であり、自由の主張だったと笠木は見ていた。それはまた、「自分はなぜうたを歌うのか」に対する彼なりの答えでもあった気がする。つまり、有無を言わせず自分たちを支配し管理しようとする大きな力（権力）に対して抗い、自分は自分らしくありたい、人間らしく生きたいと、自由を求めて主張すること、それが彼にとってのうたを歌うことの意味だったのではないか。そしてその生真面目な主張に、ユーモア（笑い）のエッセンスを加えるところが、子どもの替え唄から学んだ笠木のバランス感覚だったと思われる。

2013年 八百津コンサート

それでは、「自分らしくあること、人間らしく生きること」とは具体的には何か。笠木の生涯を辿ってきた今、浮かび上がってくるのは二つの信条、人間だけでなく森羅万象に向けての「いのちの讃歌」であり、それから、どんなことがあっても戦争だけはしてはいけないという「平和への祈り」である。この二点において、笠木の全生涯は戦争中の子どもの替え唄とピタリと重なる。

このような彼の想いをしかと受けとめ、次の世代へと語り継ぎ、歌い継いでいくことこそ、遺された者の使命ではなかろうか。

これがすべての　終りとしても　明日があるなら　自由を求め
自由を求めて　歩きつづける　たとえ路上に　行き倒れても
行き倒れた　わたしをこえて　君は行くだろう　あゝこの国で
この国としか　言えなかった　わたしの国とは　言えなかった

言えないことも　言わないことも　わたしの人生　すばらしかった
すばらしかった　君に出会えて　あるがまゝに　これがすべて
これがすべての　終わりとしても　明日があるなら　自由を求め
（笠木「これがすべての終りとしても」、『笠木透詩集　わたしの子どもたちへ』一九八五b：166）

注
1　子どもの文化研究所『子どもの文化　二〇一四　7+8』（二〇一八）「特集うたと語りと声」に収載の論考「戦時下の子どもがうたった歌」を指す。本書の第二部・《付録》として収載。
2　『ただうたいたいためだけに　うたうのではない』（安達元彦、木村快との共著）一九八三、『わが大地のうた』一九八五、『修羅のデュエット』（島田豊との共著）一九八七、『青年よ　心のパンツをぬげ』一九八八、『私に人生と言えるものがあるなら』一九九八。
3　『昨日生れたブタの子が　戦争中の子どものうた』一九九五、『君よ五月の風になれ　―日本国憲法５０年―』一九九六、『鳥よ鳥よ青い鳥よ　―日本の侵略と韓国の抵抗のうた―』一九九九。
4　笠木透と雑花塾（以下同じ）『vol.1　みんな生きている海　―日本国憲法第一〇四条―』ＷＦＵ（Wild Flower Union）二〇一〇、『vol.2　ホウセン花　―韓国併合100年―』二〇一〇、『vol.3　ポスター　―大逆事件100年―』二〇一一、『vol.4　非暴力　―愛するもののために―』二〇一一、『vol.5　私の子どもたちへ　―東日本大震災―』二〇一二、『vol.6　豊かな青い海　―東日本大震災２―』二〇一三、『vol.7　われここにあり　―田中正造没後100年―』二〇一三、『vol.8　平和の暦　―Peace Almanac Singers―』二〇一四。尚、笠木の死後『vol.9　君が明日に生きる子どもなら　―不戦70年―』二〇一五、『vol.10　これがすべての終りとしても　―笠木透と雑花塾 FINAL―』二〇一六が発売され、全一〇部作となった。
5　二〇一七年四月二一日、岐阜県中津川市の笠木の自宅で、お二人にインタビューを行なった。

6　笠木のこうした生活綴方教育批判は、一九五〇年代後半以降に展開された、松本利昭の主体的児童詩や「たいなあ方式」、竹中郁の児童詩雑誌「きりん」、そして鹿島和夫の「あのねちょう」の教育実践に共通して見られる「想像力」や「ユーモア精神」の尊重にも相通じるものがある。

7　公演日・会場・公演団体名に関する情報は、研究代表者・東谷譲「研究成果報告書 地域共同体の文化実践の担い手としての小学校教員に関する文化社会学的研究」（科学研究費助成事業　研究課題番号 23653275 二〇一五年三月）に収載された「中津川労音」（中津川労音機関誌）一九六六年五月号（No.24）に拠る。

8　出典は注7に同じ。

9　写真家木之下晃のブログに、「一九六七年一〇月五日名古屋市公会堂」とキャプションの附いたピート・シーガーの演奏する写真が掲載されており、この日か、複数回の公演があった場合にはその前後の日に笠木も聴きに行っていた可能性が高い。尚、この情報は名古屋市公会堂館長・藁谷はるか氏のご教示によるものである。謝意を表したい。

10　笠木透のエッセイ「ルーウィン・ディヴィス（ディヴ・ヴァン・ロック）　時代は一九六一年の頃」（2014/06/13 記）より。

11　「ベトナムに平和を！市民連合」の略。昭和四〇年（一九六五）、小田実・鶴見俊輔・開高健らを中心に結成。広範な市民の自発的参加を得て、街頭デモ・反戦広告・支援カンパなど多様な反戦運動を展開した。昭和四九年（一九七四）に解散（「デジタル大辞泉」より）。

12　「戦争しようと　町まで出かけたら／戦車を忘れて　三輪車で突撃／相手はマシンガン　こっちは水鉄砲／ルールルルー結局負けちゃった」

13　ただし厳密に言えば、「雲は流れる」は笠木の作詞であり、作者不詳の「替え唄」ではない。

☆笠木透　年譜

西暦	履歴	社会の出来事
1937年	11月2日、岐阜県恵那郡岩村町に生まれる。父は出征中。	日中戦争始まる。
1945年	国民学校2年生で敗戦を迎える。	8月15日、アジア太平洋戦争（十五年戦争）敗戦。
1946年		11月3日、日本国憲法公布。翌年5月3日施行。
1953年	4月、岩村高等学校入学。古きよきアカデミズムとバンカラが残る校風。同級生の影響で過激な唯物論者に。	
1956年	3月、岩村高等学校卒業。4月、岐阜大学学芸学部入学。社研（社会科学研究会）に所属。砂川基地拡張反対闘争に参加。	
1957年	社研の部長に。僻地教育の研究のためメンバーと岐阜県高根村野麦郷を訪れ、村の人たちと交流。	
1960年	安保闘争に参加し、1年留年する。結核を患う。安保の直前に結婚。	1月19日、日米安全保障条約（新安保）の締結。6月23日発効。
1961年	岐阜大学学芸学部卒業。岩村町の小学校で町費の臨時教員。	
1963年	東京の教育関係の出版社に就職し、事典や図鑑のセールスを行なう。	10月、義兄（姉の夫）近藤武典が中心となり中津川労音（中津川勤労者音楽協議会）を結成。
1964年	中津川で父親と一緒に出版社の代理店を開く。仕事の傍ら、労音の手伝いを始める。	
1965年	出版社を退職し、労音の仕事（イベントの企画等）に専念。	
1966年	文工隊「ぜんまい座」を結成。中津川周辺を皮切りに民謡調査を行なう。	7月、ベトナム中央舞踏団が名古屋公演を行なう。
1967年	10月、名古屋でピート・シーガーのコンサートを聴く。11月、労音で高石ともやのコンサートを開く。その前座で「ぜんまい座」として民謡「音頭与三郎」を歌う。	
1969年	8月9-10日、坂下町（現中津川市）椛の湖畔にて「全日本フォーク・ジャンボリー」を企画・制作。観客2500人。	8月（「全日本フォークジャンボリー」の1週間後）、米国ウッドストックでベトナム反戦コンサート、観客30万人。
1970年	8月8-9日「第2回全日本フォーク・ジャンボリー」開催。観客8000人。12月、フォーク・グループ「我夢土下座（カムトゲザ）」を結成。	70年安保、学生運動。
1971年	6月「アンチ・フォーク・ジャンボリー　フィールド・フォーク・ムーヴメント」を開催。我夢土下座も出演し「音頭与三郎」「さよなら三角」等、4曲歌う。8月7-9日「第3回全日本フォーク・ジャンボリー」開催。観客3万人超。「私に人生と言えるものがあるなら」発表。	

１９７２年	坂下町の農村舞台・新盛座でコンサートを始める。「私の子どもたちへ」（最初のタイトルは「父さんの子守歌」）発表。	
１９７３年	恵那山の山頂でコンサート（「恵那山奉納野宿大音楽会」）開催。	
１９７５年	ハンググライダーを始める。この頃から岐阜放送の深夜番組でＤＪを始める。	
１９７６年	1月、近藤武典死去。この頃『パパラギ』に出会う。	
１９７８年	1月（または2月？）ハワイ旅行。	
１９８１年	安達元彦と「パパラギ・ソング」を作る。	
１９８２年	4月以降、安達元彦と全国各地を自転車で回る「自転車コンサート」を開催。	
１９８３年	9月、安達元彦、木村快との共著『ただうたいたいためだけに　うたうのではない』（同時代社）を出版。	
１９８５年	フォークス結成、10月『わが大地のうた』（あけび書房）を出版。	
１９８６年	ＮＨＫ教育テレビ「人間いきいき」に出演し7月4日全国放映。	
１９８７年	12月、島田豊との講演・対談録『修羅のデュエット』（愛知書房）を出版。	
１９８８年	12月、『人間再発見の旅　青年よ　心のパンツをぬげ』（エフエー出版）を出版。	
１９９１年	Ｆ・Ｆ・Ｃユニオン結成。	
１９９４年	雑花塾結成。	
１９９５年	7月『昨日生れたブタの子が　戦争中の子どものうた』（音楽センター、あけび書房）を出版。	日清戦争後百年、十五年戦争後五十年。9月、沖縄で米兵少女暴行事件。
１９９６年	7月『君よ五月の風になれ―日本国憲法50年―』（音楽センター）を出版。	
１９９８年	7月、『私に人生と言えるものがあるなら』（萌文社）を出版。	
１９９９年	8月、『鳥よ鳥よ青い鳥よ　日本の侵略と韓国の抵抗のうた』（音楽センター、たかの書房）を出版。	
２００５年	東京・石川・広島・京都他、全国各地で憲法フォーク・ジャンボリーを展開。	
２０１０年	6月、『ＣＤ文庫 vol.1　みんな生きている海　―日本国憲法第１０４条―』ＷＦＵ (Wild Flower Union) 発売。	
２０１１年		3月11日、東日本大震災、福島第一原発事故発生。
２０１４年	「戦時下の子どもがうたった歌」を『子どもの文化』２０１４年７＋８月号に寄稿。12月22日、直腸癌により死去。	
２０１６年	12月、『ＣＤ文庫 vol.10　これがすべての終りとしても―笠木透と雑花塾 FINAL―』発売（ＣＤ文庫シリーズ完結）	

《付録》

戦時下の子どもがうたった歌―『海にカバ　山にカバ』

笠木　透

(1) あの暗黒の時代でも子どもは歌った

ものごころがついたのは、あの戦争の真っ最中だった。生まれたのは一九三七（昭和一二）年。父は兵隊として、中国に送られ、上海から南京に向かって行軍中だった。父の戦地日記には、二つ折りで、角の丸くなった、生まれたばかりの私の、赤ん坊の写真が挟んであった。戦闘の小休止や、眠りにつく前に、取り出しては見ていたことだろう。

幼稚園の頃には、戦況は悪化、B二九による空襲が始まった。灯火管制といって、夜になると、裸電球に黒い布をかぶせ、小さな丸い明かりの下で、息を詰めて、暮らしていた。あのときの閉塞感と、おびえた、凍りついたような日々を忘れることはできない。

当時は国民学校と言っていたのだが、小学校に行く頃になると、少国民と呼ばれ、出征兵士を、隊列を組んで、日の丸の小旗を振り、軍歌をうたって送って行くのが、ぼくらの役割だった。また、駅へは、戦死した兵隊さんの遺骨をお迎えにも行った。

まことに暗く、重い時代だった。みんな戦争はいやだと思っていたのに、何も言わなかった。いや言えなかった。言うことも、集まることも禁止され、国の言うことに黙って従うしかなかったのだ。大人たちは、恐れ、おびえ、無口で不機嫌そうだった。

そんな暗黒の時代に、子どもたちはどんな歌をうたっていたのか。軍歌と戦時歌謡と戦争翼賛童謡一色に思想統制された、治安維持法に縛られた、抵抗もできず、自由などかけらもない恐怖の時代に、子どもたちは何をやっていたのか。

（2）軍歌などの替え歌《(ママ)》を歌った

これから述べるのは、軍歌などの替え歌で、当時の子どもなら、だれでもうたっていた、作者不明で、みんなが作者であるような歌のほんの一部である。

もちろん公の場では、決してうたえなかったもので、大人が聞いたら、驚いて、ただちに禁止された歌である。そんな歌をぼくらは大声でうたっていた。放課後の教室で、学校がえりの裏道で。外で遊んで、家に帰るたんぼの道で。大人のいない時に。

♪朝の四時ごろ　空弁当さげて／家を出て行く　オヤジの姿／ズボンはボロボロ　ボロたびはいて／あゝあわれな　オヤジの姿

これは文部省唱歌「スキー」の替え歌。「山は白銀　朝日を浴びて　滑るスキーの　風切る速さ…」。

この替え歌、地域によって三行目は「パンツはボロボロ　中身が見える」であり、函館市では、「（前二行は同じ）パンツはボロボロ　中身はクソだらけ　ああ あわれなオヤジの月給三〇銭」。この替え歌は戦後になってもうたわれていた。史上の傑作である。

♪朝だ四時半だ　弁当箱さげて／家を出て行く　オヤジの姿／ひるめしは　ミミズのうどん／ルンペン生活　なかなかつらい／月月火火ノミがいる

これは軍歌「月月火水木金金」の替え歌。ヒロシマで、悲しいとき、つらいとき、はだしのゲンがうたっていた。鹿児島では「朝だ四時半だ　弁当下げて　家を出て行くトンコロン（父さん）の姿服は引っちゃぶれ　ズボンははっちゃぶれ　家のトンコロンの出て行く処は　一ヶ月三円の月給かな」。この逆説的表現は替え歌のすばらしさ。あの貧しかった戦争中、オヤジをボロクソに言いながら、愛しているところがいいなァ。

♪大東亜戦争が　勝ったなら／電信柱に　花が咲く／ネズミがネコを追いかける／焼いた魚が　踊り出す／

これは軍歌「歩兵の本領」の替え歌。「万朶の桜か襟の色　花は吉野にあらし吹く　大和男子と生まれなば　散兵線の花と散れ」。この替え歌、東京でうたわれていたらしい。この歌を覚えていた、当時、国民学校四年生のRさんは、みんなでうたっていたところを先生に見つかって、「今後、絶対にうたってはいけないと厳しく言われた」という。

福島（いわき市）では「もし日本が負けたなら　電信柱に花が咲き　焼いた魚が泳ぎだし　絵に描いただるまさんが　おどりだす」。これはたぶん、戦争前期の替え歌だろう。

この歌、大正時代にメーデーの歌となり、戦後よくうたわれた。「聞け万国の労働者　轟きわたるメーデーの　示威者に起こる足どりと　未来をつぐる鬨の声」。

また、私の岐阜（中津川市）では、運動会の応援歌にもなっている。「もしも○軍負けたなら　恵那山一路に崩れだし　焼いた魚が泳ぎだし　絵に描いただるまが歩きだす」。

♪東條英機の　つるはげ頭／ハエが止まれば　チョイとすべる／チョイとすべる

これは「兵隊ソング」と呼ばれた「シャンラン節」の替え歌。兵隊さんもぼくらも、軍歌などうたいたいとは思っていなかった。たてまえで行進や儀式の時にうたっただけ。エライ人がいなければ、本音の歌が口から出てくる。「薫るジャスミン　どなたがくれた　パパイヤ畑の月に問え　月に問え」。

この替え歌も、戦争に勝つと思っていた頃は、鬼畜米英をやっつけろと、ぼくら少国民はこううたっていた。「ルーズベルトの　ベルトがきれて　チャーチル散る散る　花と散る花と散る」。


♪見よ東條のはげ頭／物価は高く金はなく／オヤジのベント箱空っぽで／おっ母は嘆くやかましや／おお清潔に明らかに／そびゆる禿げの光こそ／戦争進めゆるぎなき／わが日本のご同慶

これは戦争中最もよくうたわれた軍歌のひとつ「愛国行進曲」の替え歌。「見よ東海の空あけて旭日高く輝けば　天地の正気溌剌と　希望は躍る大八洲……」。この替え歌の皮肉は鋭く、作者は小学生ではないのではないか。大人か中学生か。当時の絶大な権力者をかくも馬鹿にした歌を作ったと分かれば、作者は間違いなく牢につながれたであろう。

♪海にカバ　水ずくカバね／山にカバ　草むすカバね／おお君の　へにこそ死なめ／かえり見はせじ

これは当時、第二国歌と言われた「海行かば」の替え歌。元歌は元旦の式などでよくうたわされた。玉砕した兵隊さんを鎮魂する歌だから、笑ってはいけないと言われたが、とても無理だった。カバは四頭も出てくるし、君のオナラでオレが死ぬのかよ、と聞こえた。そのまま替え歌に。ＮＨＫラジオの「大本営発表」の玉砕のテーマ曲でもあった。

♪何時まで続くこの戦／三年半年食糧無く／餓死続出のわが国民

これはよくうたわれた軍歌「討匪行」の替え歌。「どこまで続くぬかるみぞ　三日二晩食もなく雨ふりしぶく鉄兜」。この「討匪行」は「戦友」などとともに禁止された。日本軍の中枢は、兵隊たちの、戦争はつらいものだ、という本音を押さえ込んだ。それでも兵隊は密かにうたい、銃後の大人や子どもたちもうたっていた。替え歌とともに。

♪夕焼小焼で　日が暮れない／山のお寺の　鐘鳴らない／戦争なかなか　終わらない／カラスもお家へ　帰れない

これは「夕焼小焼」の替え歌。名古屋の子どもたちは四行目を「ぼくたちお家へ　帰れない」とうたった。いよいよ都市空襲が激しくなり、山の村や町に疎開した子どもたちは、戦争が終わるまで、あるいは終わっても、家には帰れなかったのだ。戦争末期、金属回収令が出て、お寺の金まで供出することになった。子どもたちはそこに目をつけた。

♪ぼくは軍人大きらい／今に小さくなったなら／おっかさんに抱かれて／オッパイのんで／一銭もらって飴買いに

これは少国民の歌「僕は軍人大好きよ」の替え歌。「僕は軍人大好きよ　今に大きくなったなら勲章つけて剣さげて　お馬にのって　ハイドウドウ」。この替え歌は沖縄県那覇市でうたわれていた。全国各地のバージョンがある。「(初めの二行は同じ)お母ちゃんに抱かれて　乳のんで　おなかの中へ消えちゃうよ」。戦場で逃げ場を失った兵隊や国民、子どもたちは、お母さんの子宮の中へ逃げ込みたかったに違いない。沖縄県糸満市のある老人の言葉「軍隊は平和な時にしか俺たちを守らない」。沖縄や満州で日本軍は誰を守ったのだろう(＊満州は日本が侵略した中国東北部のこと)。政府が勝手に憲法を解釈してつくる「集団的自衛権」は誰を守るというのだろう。

♪イモ食えば　へが出るぞ／パンツが破れる　への力／ブブブッブクブ　ブクブクブクブクブ／こらえても押さえても　止まらない

これは「ジングルベル」の替え歌。ヒロシマ、ナガサキに原爆が落ちて日本は負けた。ようやく戦争が終わった。ぼくらは食べるものがなく飢えていた。開墾した畑でとれたサツマイモやジャガイモが主食だった。クリスマスが始まった。街には英語の「ジングルベル」が流れていた。子どもたちは即、替え歌にしてうたいはじめた。国は破れても、ぼくらはたくましかった。元気だった。はだしのゲンのように、替え歌をうたいながら戦中、戦後を生きていったのである。

(3) 歌がなくては人間らしく生きていけない

まだまだたくさんの替え歌があったことだろう。ただ、その多くは、うたっていた本人でも、そんなに価値のあるものとは思っていないから、記録して残してあるものなどほんのわずかであろう。当時の子どもたちも、いまや高齢化し、あのときの歌などうたう機会もなく、消えていく運命にある。あと十年もすれば、何もなかったことになりかねない。市町村史の文化史においても、ほとんど記述されていないに違いない。

それでいいのだろうか。私はそうは思わない。どんなに暗く、厳しい時代でも、名もない人びとは歌をうたってきたのである。つらく厳しいからこそ、人びとや、その子どもたちは、生きるために必要な歌をうたってきた。詞を替え、心にふれる曲に乗せて、隠れて本音をうたってきた。私はその歌を、戦争中のフォークソングだと思っている。人々の歌である。いつの時代でも、人びとは、歌などなくても死ぬことはないが、歌がなければ、人間らしく生きてはいけないのだ。そんな歌を歴史上から葬っていいものだろうか。

なかでも、子どもたちは素晴らしかった。日本国中が沈黙し、ほとんどの人が抵抗できなかったあの戦争の時代に、戦争はいやだと言い、戦争を続ける権力者をコケにし、皮肉り、早く戦争が終わることを願っていたのだ。小さいけれど、確かな抵抗をしていたのだ。

それにしても､メディアの発達していないあの時代に､同じ替え歌が全国でうたわれたことが分かって驚くとともに、人間に必要な文化は手渡されていくものだという、文化の本質が見えてきて、胸が熱くなった。しかも、地方・地域によって歌詞が少しずつ違うのである。このなんという多様性。どこが元やら分からない、みんなが作者であるような同列性と非権威性に、私は頭を下げる。これが、人びとの文化なのであろう。

子どもたちの疎開がそれを可能にしたのだろう。村や町の子どもたちと、都会の子どもたちが混ざりあうことで、替え歌が伝わり、地域の歌になっていったのではないだろうか。いまの私には、それを検証する時間も体力も無いのだが、そう思っている。

(4) 戦争をする国にさせない

戦争は差別から始まる。父はやさしい人だったが、普段に、チャンコロとかチョンなどと言い、中国人や朝鮮人を馬鹿にしていた。日本は国をあげて、差別教育を進め、平気でアジアの人びとを殺す、兵隊をつくりあげたのだろう。

いまの特定秘密保護法は私たちを差別したのだと思う。国や権力者が、知られては困ることを人びとから秘密にするのだから、こんな危ないことはない。この国は私たちを、知らなくてもいい人として差別し、ふたたび戦争をする国になろうとしている。かつて、勝った勝ったと、負けたことを秘密にし、ウソばかり言った「大本営発表」をぼくらはこう言っていた。「ダイコン営カンピョウ　ニンジンニュースを申し上げます」。

もう、どんなことがあっても、戦争だけはしてはいけない。抵抗するなら今だろう。私たちは、九条を守り、九条と生きていく。それがただひとつの生存への道である。

エピローグ

プロローグの中で次のような問いを提示した。

……「戦争中の子どもの替え唄」は実態として、藤本が主張するような「子どもが創造主体」となる「子ども世代特有」の文化としての「子ども自身の文化」というカテゴリーには収まりきらないように思われるのだ。それではいったいどのように位置づけたらいいか（本書9‐10頁）。

戦争中の子どもの替え唄の「作者」や「歌い手」は誰か――。これについて笠木は、本書の《付録》「戦時下の子どもがうたった歌」の中でいくつかの可能性を挙げている。

・（「愛国行進曲」の替え唄）「この替え歌の《ママ》皮肉は鋭く、作者は小学生ではないのではないか。大人か中学生か」。
・（「討匪行」の替え唄）「それでも兵隊は密かにうたい、銃後の大人や子どもたちもうたっていた。替え歌とともに」。
・（「ジングルベル」の替え唄）「ヒロシマ、ナガサキに原爆が落ちて日本は負けた。ようやく戦争が終わった。ぼくらは食べるものがなく飢えていた。開墾した畑でとれたサツマイモやジャガイモが主食だった。クリスマスが始まった。街には英語の「ジングルベル」が流れていた。子どもたちは即、替え歌にしてうたいはじめた」。

・「つらく厳しいからこそ、人びとや、その子どもたちは、生きるために必要な歌をうたってきた。詞を替え、心にふれる曲に乗せて、隠れて本音をうたってきた」。

これらの文章から、「小学生」もしくは「子どもたち」、「中学生」、「兵隊」、「銃後の大人(＝兵隊として戦地に行っていない大人)」、「大人」、「人びと」が、それぞれの替え唄ごとに多様な形で「作者」や「歌い手」として笠木の中で想定されていたことが分かる。

一方で、笠木は次のようにも書いている。「もちろん公の場では、決してうたえなかったもので、大人が聞いたら、驚いて、ただちに禁止された歌である。そんな歌をぼくらは大声でうたっていた。放課後の教室で、学校がえりの裏道で。外で遊んで、家に帰るたんぼの道で。大人のいない時に」。

一見、矛盾するようだが、これが実際の有り様だったのだろう。替え唄に対する大人のスタンスはきわめて微妙である。本音では「戦争は嫌だ」と隠れて自ら歌うこともあり、また歌う子どもの姿に拍手喝采を送りつつも、建前としては「驚き、ただちに禁止」を命じていたということか。反戦・厭戦の気持ちを持ちつつもそれを公言できない大人たちは大勢いただろう。さらに、戦争に対する大人たちの姿勢も様々だったはずで、たとえば『はだしのゲン』に登場するゲンの父親・下駄職人の中岡大吉のように、反戦を主張して町内会長から「非国民」「国賊」とののしられ警察に連行され折檻を受けるような大人もいた(第一巻一九七五：9-34)。ゲンがいくつもの替え唄を放歌高吟できた背景には、そんな父親の存在がある。

それから本書第二部第一章の中でも指摘したように（137頁）、笠木の言う「中学生」をはじめ思春期を迎えた若者たちもまた、子どもと大人の〈あわい〉にある存在として、子どもの替え唄の創作と伝達に大きく貢献しているように思われる。

以上をまとめると、「戦争中の子どもの替え唄」という文化の、主な担い手（歌い手）は小学生ぐらいの子ども（特に男の子）だが、この文化を創造し普及させ伝承していった「陰の担い手（バイプレイヤー）」もしくは「支援者（サポーター）」として、若者たちや大人たちの存在があったということになる。「戦争中の子どもの替え唄」は決して「子ども独自の文化」ではなかったのである。

「戦後」が終わり、高度経済成長が進んでいった後も、子どもたちは替え唄をずっと歌ってきた。

もりとんかつ　いずみにんにく　かこんにゃく　まれてんぷら
しずかにんじん　ねむるんぺん　ブルーブルー　ブルーシャトー
（「ブルーシャトー」、一九七〇年代）

どんぐりころころ　馬場チョップ　お池にはまって　馬場チョップ
どじょうがでてきて　馬場チョップ　坊ちゃん一緒に　ラリアート
（「どんぐりころころ」、一九八〇年代）

戦争しようと　町まで出かけたら　戦車を忘れて　三輪車で突撃
相手はマシンガン　こっちは水鉄砲　ルールルルルー　結局負けちゃった
（「サザエさん」の主題歌、一九九〇年代の湾岸戦争の頃）

子どもたちが替え唄を手放さなかったのは何故か。その理由の一つとして、第二部第三章の終わりでも述べたように、「子どもはかくあるべし」という親や教師や社会の権力行使に対する子どもたちの、無意識のうちの抵抗と自由の主張があるような気がする。そしてそれは笠木自身の「人はなぜ歌うのか」という問いに対する答えでもあったのではないか。

君のやさしさは　君のものだから　とりかこむ世界に　ゆだねてはいけない
昨日を今日につなげるために　今日を明日に手わたすために
君のしなやかさは　君のものだから　とりかこむ世界に　ゆだねてはいけない
昨日を今日につなげるために　今日を明日に手わたすために
君の悲しさは　君のものだから　とりかこむ世界に　ゆだねてはいけない
昨日を今日につなげるために　今日を明日に手わたすために
（笠木透「君は君の主人公だから」、『笠木透詩集　わたしの子どもたちへ』一九八五：70－71）

「とりかこむ世界」にゆだねて生きるのではなく、「自分の人生の主人公」として自分らしく生きていくと決意表明することこそ、笠木にとって歌うという行為の原点だったと言えるだろう。

これは、元歌の世界をさかさまにひっくり返したり、自分の身近なものに置き換えてしまったりする子どもの替え唄の精神と共通する。そしてそこにユーモア（笑い）を加えるところが、子どもの才覚であり知恵であろう。新たな息吹を与えられた歌詞を、なじみやすいリズムとメロディーに乗せて口ずさむことによって、自分自身の「アニマ（たましい）」を弾ませる。こうした「たましいの活性化」としての「アニマシオン」を求める心こそ、原理的特質としての「子どもらしさ（子ども性）」と言える。とりわけ、社会が押しつける正義に対して反論や抵抗が許されない戦時下であればこそ、「アニマシオン」を表現できる替え唄が好んで口ずさまれたに違いない。

この時、「アニマシオン」を求めていたのは、子どもたちだけではあるまい。若者や大人たちの心の中にも「子ども性」は息づいており、現実の子どもたちの「子ども性」と応答しながら、陰の担い手、サポーターとして「子どもの替え唄文化」を支えていた。そんなふうに結論づけておきたい。

世の中に再び重苦しい空気が忍び寄ってきているのを感じる今日、日本の子どもたちは果たしてどんな替え唄を歌っているのか、気になるところである。そしてまた海外の子どもたち、とりわけシリア・アフガニスタン・スーダン・北朝鮮など、政治的・経済的にきわめて厳しい状況にある国や地域の子どもたちの替え唄についても知りたい。今回はほとんど取り上げることができなかったが、世界の子どもの替え唄を比較してみるといろいろな発見があるに違いない。ご存知の方はぜひ教えていただきたい。

また、本書に紹介した替え唄と自分が知っているのは少し歌詞が違うとか、もっと別の曲の替え唄も歌っていた、という情報もお寄せいただけるとありがたい。その際、元歌の題名と替え唄の歌詞の他に、歌っていた地域（都道府県や市町村）・場所（学校・家庭・たまり場・疎開先等）・時期（何年頃か）・年齢・教えてくれた相手、等々の情報も添えて下さるととても参考になる。戦時下のラジオや雑誌などでは紹介されるはずのない、替え唄のような「はみだし」の子ども文化がどのようにして生まれ、どのようにして全国各地に広がっていったのかを探っていくことは、とても興味深い研究テーマとなるだろう。

先ほど「自分らしく生きていくという決意を表明すること」が歌うことの原点と記した。だが一方で、歌うという行為が、その歌詞に綴られた主張や心情に「同調」し、また一緒に歌う人びとの想いと「共振」して、これらを自分自身のものとして信じ込んでいく事態を引き起こすこともまた事実である。大勢で声を揃えて歌う中で、理性的な判断力を失い、熱情に駆られて「歌の世界」に没入していく、そのような「暴力性」も、歌うという行為は属性として持っている。

他の子どもたちと一緒に、「敵は幾万ありとても」、「ぼくは軍人大好きよ」、「大君の辺にこそ死なめ」などと繰り返し歌ううちに、「お国のために戦い、天皇陛下のために死ぬことが、自分の人生の主人公として自分らしく生きていくことだ」と信じるようになった子どもの数は、それら軍歌の替え唄を口ずさんだ子どもの数の何倍も何十倍も多かったに違いない。以上のような、歌の力が持つ〈負の作用〉も決して見逃してはならないだろう。この問題については、替え唄を歌っていたのは主に男の子だったというジェンダーの問題とともに、いつか機会を改めて詳しく論じてみたい。

本書にまとめられた内容の多くは、立命館大学文学部紀要『立命館文学』に六回にわたって掲載した「笠木透の替え唄研究その1～6」（副題）に大幅な加筆修正を施したものである（第六四四、六四七、六四八、六五一、六五四、六五八号）。子どもを含め一般の方がたに幅広く読んでいただけるよう、「戦中・戦後の春歌」については子どもも歌った可能性の高いものにとどめた。また本書のテーマが替え唄であることから、「アジア民衆の反日・抗日のうた」の中からは替え唄のみを、ただし替え唄の創作者や中心的な歌唱者が大人であると思われるものも含めて取り上げた。さらに、読みやすさや歌いやすさを考慮して、掲載順や体裁を大幅に変更した上、メロディーを持つテキストには楽譜をつけた。

第二部第二章「大正～昭和前期の子どものうた環境」は、子どもの文化研究所『研究子どもの文化』第二〇号（二〇一八）に掲載された「『赤い鳥』時代の子どものうた環境」を一部修正の上、転載した。また《付録》笠木透「戦時下の子どもがうたった歌―『海にカバ』『山にカバ』」は、プロローグでも述べた通り、子どもの文化研究所『子どもの文化』二〇一四年7＋8月号からの転載である。

これらの転載と、また本書を「叢書　文化の伝承と創造」の一冊として刊行できたことに対して、子どもの文化研究所に紙面をお借りして御礼を申し上げたい。

それから四七曲に及ぶ楽譜一つひとつをPCに入力し浄書してくださった、尾原昭夫先生にも心から感謝の気持ちをお伝えしたい。

笠木さんのご自宅を訪れて資料をお借りし、奥様の由紀子さんに「いつか一冊の本にまとめます」とお約束してから早五年が経とうとしている。透さんの七回忌を前にして、ここにようやくその約束を果たすことができた。また出版にあたって生前のお写真をご提供いただいた。奥様、それから友人の増田康記さんへの感謝と共に、謹んで本書を透さんのご霊前に捧げたい。

また、プロローグでも紹介した筆者の恩師・藤本浩之輔先生が生前最後に手掛けられたのが、『あの日の子どもたち　１９４５・８・１５』（一九九六ｂ）の企画・編集だったことにも触れておきたい。一九三三年生まれで、笠木さんより四歳年上だった藤本先生もまた、子どもたちの戦争体験を記録に残し、次の世代に伝えることをご自身の使命と考えて、闘病生活の中、寄せられた三〇名の手記を編集する作業に文字通り全身全霊を傾けられた。同書の「おわりに」において奥様の佳子さんが以下のように記しておられる。「彼は、明るい病室のベッドの上で、お寄せいただいた手記をまとめながら、『正座してすべきなのに申し訳ない』と、いつも言っておりました。こんなにも重い、厳粛な仕事を最後にさせていただくことができましたことを、彼と共に喜び、執筆者の皆様に心から感謝を申し上げます」（207頁）。

藤本先生がこの「重い、厳粛な仕事」に励んでおられたのは、奇しくも笠木さんが『昨日生れたブタの子が　戦争中の子どものうた』を出版されたのと同じ一九九五年、戦後五〇年の節目の年だった。それから四半世紀が過ぎ、新たな節目の年となる二〇二〇年に本書を公刊することは、「私たちは、素直にもう絶対に日本は戦争をすることはない、軍備も軍隊も持たない、平和国家の建設にまい進するのだ…」（206頁）と綴った藤本先生の想いを受け止めて、平和のバトンを次の世代へと手渡していく営みとなるものと信じている。

最後に、第二部第二章に登場し、今年二月に満九一歳を迎えた母・温子のことに触れて本書を締めくくりたい。こ

れまで父のことは何度か著書の中で話題にしてきたが、母について記す機会がなかった。今回、母に子ども時代の話を聞き、それを活字として残すことができたことに、少し肩の荷が下りた気がしている。筆者がうたを歌ったり聞いたりするのが好きであるのみならず、うたや語りの研究まで手掛けるようになったのは、まぎれもなく母のバトン（ＤＮＡ）を受け継いだからである。ここに母への感謝の気持ちを込めて、結びとしたい。

鵜野祐介

二〇二〇年三月

＜元歌楽譜リスト＞

Ⅰ．軍歌

1．「月月火水木金金」（高橋俊策作詞、江口夜詩作曲、1940年）

2．「討匪行」（八木沼丈夫作詞、藤原義江作曲、1933年）

3．「海行かば」（大伴家持作歌、信時潔作曲、1943年）

4．「加藤隼戦闘隊」（田中林平作詞、原田喜一・岡野正幸作曲、1943年）

5．「敵は幾万」（山田美妙作詞、小山作之助作曲、1886年）

6．「兵隊さんよありがとう」（橋本善三郎作詞、佐々木すぐる作曲、1939年）

7．「愛馬進軍歌」（久保井信夫作詞、新城正一作曲、1939年）

8．「紀元二千六百年」（増田好生作詞、森義八郎作曲、1940年）

9．「勇敢なる水兵」（佐々木信綱作詞、奥好義作曲、1895年）

10．「戦友」（真下飛泉作詞、三善和気作曲、1905年）

11．「南洋航路（ラバウル小唄）」（若杉雄三郎作詞、島口駒夫作曲、1940年）

12．「元寇」（永井建子作詞・作曲、1892年）

13．「歩兵の本領」（加藤明勝作詞、永井建子作曲、1911年）

14．「日本陸軍」（大和田建樹作詞、深澤登代吉作曲、1904年）

15．「皇軍大捷の歌」（福田米三郎作詞、堀内敬三作曲、1938年）

16．「日本海軍」（大和田建樹作詞、小山作之助作曲、1905年）

17．「露営の歌」（藪内喜一郎作詞、古関裕而作曲、1937年）

18．「道は六百八十里」（石黒行平作詞、三善和気作曲、1891年）

19．「愛国行進曲」（森川幸雄作詞、瀬戸口藤吉作曲、1937年）

20．「若鷲の歌」（西條八十作詞、古関裕而作曲、1943年）

Ⅱ．唱歌・童謡・わらべうた

1．「桜井訣別（湊川）」（落合直文作詞、奥山朝恭作曲、1899年）

2．「スキー」（時雨音羽作詞、平井康三郎作曲、1943年）

3．「さよなら三角」（わらべうた）

4．「靴が鳴る」（清水かつら作詞、弘田龍太郎作曲、1919年）

5．「君が代」（古歌）

6．「牛若丸」（作者不詳、1911年）

7.「金玉は」(元歌不詳)
8.「おかあさん」(西條八十作詞、中山晋平作曲、発表年不詳)
9.「海」(林柳波作詞、井上武士作曲、1941 年)
10.「教育勅語」(楽譜不要、1890 年)
11.「月夜の晩に」(元歌不詳)
12.「月」(作者不詳、1910 年)
13.「一月一日」(千家尊福作詞、上真行作曲、1893 年)
14.「港」(林柳波・旗野十一郎作詞、吉田信太作曲、1900 年)
15.「一つとせ」(わらべうた)
16.「鳩」(作者不詳、1911 年)
17.「証城寺の狸囃子」(野口雨情作詞、中山晋平作曲、1925 年)
18.「夕日」(葛原しげる作詞、室崎琴月作曲、1921 年)
19.「うさぎとかめ」(石原和三郎作詞、納所弁次郎作曲、1901 年)
20.「夕焼小焼」(中村雨紅作詞、草川信作曲、1923 年)
21.「われは海の子」(宮原晃一郎作詞、作曲者不詳、1910 年)

Ⅲ. 大人の流行歌・民謡・外国の歌
1.「銀座カンカン娘」(佐伯孝夫作詞、服部良一作曲、1949 年)
2.「ジングルベル」(James Piapont 作詞・作曲、1857 年)
3.「湖畔の宿」(佐藤惣之助作詞、服部良一作曲、1940 年)
4.「幌馬車の唄」(山田としを作詞、原野為二作曲、1932 年)
5.「草津節」(民謡)
6.「東京ブギウギ」(鈴木勝作詞、服部良一、1947 年)
7.「ああそれなのに」(星野貞志作詞、古賀政男作曲、1937 年)
8.「隣組」(岡本一平作詞、飯田信夫作曲、1940 年)
9.「満州娘」(石松秋二作詞、鈴木哲夫作曲、1938 年)
10.「シャンラン節」(村松秀一作詞、台湾民謡、長津義司編曲、1943 年)
11.「ジョージア・マーチ」(Henry Clay Work 作詞・作曲、1865 年)

<文献リスト>

・有馬敲 2000『替歌研究』ＫＴＣ中央出版
・同 2003a『替歌・戯歌研究』ＫＴＣ中央出版
・同 2003b『時代を生きる替歌・考　風刺・笑い・色気』人文書院
・飯島敏宏 2019『ギブミー・チョコレート』角川書店
・池田小百合 2009～「なっとく童謡・唱歌」（ウェブ上で配信）
［http://www.ne.jp/asahi/sayuri/home/doyobook/doyostudy09.htm］
・井出孫六 1986『終わりなき旅－「中国残留孤児」の歴史と現在－』岩波書店
・井手口彰典 2018『童謡の百年』筑摩書房
・稲垣真美 1976『もうひとつの反戦譜』三省堂（家永三郎編 1994『日本平和論大系』15、日本図書センター所収）
・岩井正浩 1987『わらべうた　その伝承と創造』音楽之友社
・　同 1989『子どもの歌の文化史』第一書房
・鵜野祐介 1996「<フィールドノート>「中国地方の子守唄」の社会的背景に関する研究（１）―元歌伝承者、岡田妙子さんの唄と語り―」、『鳥取女子短期大学研究紀要』第 33 号、49-60 頁
・同 2000『生き生きごんぼ　わらべうたの教育人類学』久山社
・同 2009a『伝承児童文学と子どものコスモロジー 〈あわい〉との出会いと別れ』昭和堂。
・同 2009b『子守唄の原像』久山社
・同 2017「子ども文化の伝承と創造における「アニマシオン」－うた・語り・遊び－」、子どもの文化研究所『研究子どもの文化』第 18 号、14-25 頁
・大岡昇平 1973/1991『幼年』潮出版社／講談社文芸文庫
・同 1975/1991『少年』筑摩書房／講談社文芸文庫
・奥田継夫 1969/2001『ボクちゃんの戦場』理論社／『奥田継夫ベストコレクション』ポプラ社
・長田暁二 1970『日本軍歌大全集』全音楽譜出版
・同 2015『戦争が遺した歌　歌が明かす戦争の背景』全音楽譜出版社
・小野和子 2019『あいたくて　ききたくて　旅にでる』パンプクエイクス
・小野恭靖 2007『子ども歌を学ぶ人のために』世界思想社
・貝原浩 1988『ショーは終っテンノー』社会評論社
・柿崎進 1974『中国の民歌』現代企画室
・加古里子 2008『伝承遊び考３　鬼遊び考』小峰書店
・笠木透 1983『ただうたいたいためだけにうたうのではない』（安達元彦、木村快との共著）同時代社
・同　1985a『わが大地のうた』あけび書房

・同　1985b『笠木透詩集　わたしの子どもたちへ』径書房
・同　1987『修羅のデュエット』（島田豊との共著）愛知書房
・同　1988『青年よ　心のパンツをぬげ』エフエー出版
・同　1995『昨日生れたブタの子が　戦争中の子どものうた』音楽センター、あけび書房
・同　1996『君よ五月の風になれ－日本国憲法 50 年－』音楽センター
・同　1998『私に人生と言えるものがあるなら』萌文社
・同　1999『鳥よ鳥よ青い鳥よ　日本の侵略と韓国の抵抗のうた』たかの書房
・同 2014「戦時下の子どもがうたった歌―『海にカバ　山にカバ』」、子どもの文化研究所『子どもの文化』2014 年 7 ＋ 8 月号所収
・笠木透と雑花塾 2010『vol.1 みんな生きている海 －日本国憲法第 104 条－』WFU
・　同　2010『vol.2　ホウセン花 ―韓国併合 100 年―』WFU
・同　2011『vol.3　ポスター ―大逆事件 100 年―』WFU
・同　2011『vol.4　非暴力 ―愛するもののために―』WFU
・同　2012『vol.5　私の子どもたちへ ―東日本大震災―』WFU
・同　2013『vol.6　豊かな青い海 ―東日本大震災 2 ―』WFU
・同　2013『vol.7　われここにあり ―田中正造没後 100 年―』WFU
・同　2014『vol.8　平和の暦 ―Peace Almanac Singers―』WFU
・同　2015『vol.9　君が明日に生きる子どもなら ―不戦 70 年―』WFU
・同　2016『vol.10　これがすべての終りとしても ―笠木透と雑花塾 FINAL―』WFU
・加太こうじ 1965『軍歌と日本人』徳間書店
・加太こうじ・柳田邦夫・吉田智恵男 1971『おとなの替歌百年』アロー出版社
・加藤理 2004「言葉で遊ぶ子ども（4）」、『論叢　児童文化』第 17 号所収
・上笙一郎 2005「靴が鳴る」「童謡」「証城寺の狸囃子」「我は海の子」、上笙一郎編『日本童謡事典』東京堂出版所収
・川崎洋 1992『わたしは軍国少年だった』新潮社
・同　1994『日本の遊び歌』新潮社
・木乃美光 1988『欲しがらないで生きてきた』光文社
・金田一春彦 1978『童謡・唱歌の世界』主婦の友社
・倉本聰 1984『いつも音楽があった』文藝春秋
・酒井晶代・上笙一郎 2005「牛若丸」、上笙一郎編『日本童謡事典』東京堂出版所収
・阪田寛夫 1990『童謡でてこい』河出書房新社（河出文庫）

・坂本龍彦 1986『残留日本人への旅　四十年目の満洲』朝日ｲﾌﾞﾆﾝｸﾞﾆｭｰｽ社
・佐々木美砂 2005「うさぎとかめ」、上笙一郎編『日本童謡事典』東京堂出版所収
・澤地久枝 1989『いのちの重さ　―声なき民の昭和史―』岩波書店（岩波ブックレット No.126）
・沢野勉 1989『歌でつづる食の昭和史』芽ばえ社
・周東美材 2015『童謡の近代』岩波書店
・関口安義・上笙一郎 2005「夕焼小焼」、上笙一郎編『日本童謡事典』東京堂出版所収
・添田知道 1982『日本春歌考』刀水書房（初版 1966 光文社）
・園部三郎・山住正己 1962『日本の子どもの歌』岩波新書
・高橋碩一 1969『流行歌でつづる日本現代史』新日本出版社
・田村志津枝 1992『非情城市の人びと』晶文社
・辻田真佐憲 2014『日本の軍歌　国民的音楽の歴史』幻冬舎新書
・鶴見俊輔・加太こうじ他 1962『日本の大衆芸術　民衆の涙と笑い』社会思想社（現代教養文庫）
・テイン、マアウン（河東田静雄訳）1992『農民ガバ　ビルマ人の戦争体験』大同生命国際文化基金
・富山妙子 1983『はじけ鳳仙花』筑摩書房
・鳥越信 1998『子どもの替え歌傑作集』平凡社
・中沢啓治 1973-1985『はだしのゲン』全十巻、汐文社
・中根美宝子 1965『疎開学童の日記　九歳の少女がとらえた終戦前後』中央公論社（中公新書）
・南部好江・上笙一郎 2005「港」、上笙一郎編『日本童謡事典』東京堂出版所収
・野村章 1991『証言 昭和史の断面 植民地そだちの少国民』岩波書店（岩波ブックレット No.186）
・橋本左内 1994『国民学校一年生　ある少国民の戦中・戦後』新日本出版社
・畑中圭一 2005「童謡運動」、上笙一郎編『日本童謡事典』東京堂出版所収
・同 2007『日本の童謡　誕生から九〇年の歩み』平凡社
・畠中貞行・本橋道昭編 2002『こどものうた大全集』小学館
・東谷護 2015「研究成果報告書 地域共同体の文化実践の担い手としての小学校教員に関する文化社会学的研究」（科学研究費助成事業　研究課題番号 23653275、2015 年 3 月）
・藤田圭雄 1971, 1984『日本童謡史Ⅰ・Ⅱ』あかね書房
・藤田浩子 2016「少し昔のこと 13　『海ゆかば』の替え歌」、保育サークル「風の子」会報
・藤本浩之輔 1985「子ども文化論序説：遊びの文化論的研究」、『京都大学教育学部紀要』31 号、1-31 頁
・同　1996a『子どものコスモロジー　教育人類学と子ども文化』人文書院
・同　1996b『あの日の子どもたち　１９４５・８・１５』朝日新聞社
・船越義彰 1981『なはわらべうた行状記』沖縄タイムス社
・船曳由美 2010『100 年前の女の子』講談社

・古島敏雄 1982『子供たちの大正時代　田舎町の生活誌』平凡社
・古澤夕起子・上笙一郎 2005「月」、上笙一郎編『日本童謡事典』東京堂出版所収
・ヘンソン、マリア・ロサ・レ（藤田ゆき訳）1995『ある日本軍「慰安婦」の回想　フィリピン現代史を生きて』岩波書店
・増山均 2016「『精神の集中・躍動・美的経験』とアニマシオン」、汐見稔幸・増山均・加藤理編『ファンタジーとアニマシオン』童心社、113-142 頁
・ミード、G.H.（稲葉三千男他訳）1973『精神・自我・社会』、青木書店
・みやぎ民話の会 1991『みやぎ民話の会叢書第 1 集　みやぎのわらべうた春夏秋冬』みやぎ民話の会
・元森絵里子 2020「子どもをどう見るか―20 世紀の視角を乗り越える」、元森絵里子・南出和余・高橋靖幸編『子どもへの視角　新しい子ども社会研究』新曜社、1-31 頁
・森正孝 1995『中国の大地は忘れない－侵略、語られなかった戦争－』社会評論社
・山崎千恵子 2005「鳩」、上笙一郎編『日本童謡事典』東京堂出版所収
・山住正己 1994『子どもの歌を語る』岩波新書
・山中恒 1982『子どもが少国民といわれたころ』朝日新聞社
・　同　1985/1989『ボクラ少国民と戦争応援歌』音楽之友社／朝日文庫
・　同　1986『子どもたちの太平洋戦争　―国民学校の時代―』岩波書店（岩波新書）
・　同　2019『戦時下の絵本と教育勅語』子どもの未来社
・P. ラディン＆ K. ケレーニイ＆ C.G. ユング（皆河宗一他訳）、1974『トリックスター』晶文社
・吉岡一志 2020「子どもの主体性礼賛を超えて―「学校の怪談」をめぐる教師と子ども」、元森他共編『子どもへの視角　新しい子ども社会研究』新曜社、35-51 頁
・歴史教育者協議会編 2001『日の丸・君が代にどう立ちむかうか』大月書店
・ロダーリ、ジャンニ（窪田富男訳）、1990『ファンタジーの文法』ちくま文庫

・Opie, Iona & Peter, 1947/1992, *I Saw Esau: The Schoolchild's Pocket Book.* 日本語版 平野敬一監訳 1993『イーソーを見た　子どもたちのうた』ほるぷ

[著者紹介]

鵜野祐介（うの　ゆうすけ）

1961年岡山県生まれ。京都大学大学院教育学研究科博士後期課程修了。2004年英国エディンバラ大学にて「スコットランドと日本の伝承子守唄の比較研究」で博士号（Ph.D、人文学）取得。専門は伝承児童文学の教育人類学的研究。日本、韓国・中国、英国スコットランドを主なフィールドとして、子ども期の伝承文化（遊び・子守唄・わらべうた・民間説話など）や児童文学・児童文化が子どもの人格形成に及ぼす影響について研究。

鳥取女子短期大学、梅花女子大学を経て、現在、立命館大学文学部教授（教育人間学専攻）。アジア民間説話学会日本支部代表。また「うたとかたりのネットワーク」を主宰し、うたやかたりの実践・普及活動のネットワーク作りを進める。

主な著書に『生き生きごんぼ　わらべうたの教育人類学』（久山社2000年）、『伝承児童文学と子どものコスモロジー　〈あわい〉との出会いと別れ』（昭和堂2009年）、『子守唄の原像』（久山社2009年）、『昔話の人間学　いのちとたましいの伝え方』（ナカニシヤ出版2015年）、『ポスト三・一一の子どもと文化　いのち・伝承・レジリエンス』（加藤理との共編著、港の人2015年）、『日中韓の昔話　共通話型30選』（みやび出版2016年）他、訳書にノラ＆ウィリアム・モンゴメリー編『スコットランド民話集　世界の果ての井戸』（朝日出版社2013年）。

装丁　梠澤清次郎（アド・ハウス）
表紙カバー版画　大澤美樹子（国画会会員・女子美術大学名誉教授）

叢書　文化の伝承と創造　3 子どもの替え唄と戦争
―笠木透のラスト・メッセージ―

2020年８月11日　初版発行

著　者　鵜野祐介
編　集　一般財団法人文民教育協会　子どもの文化研究所
発　行　〒171-0031　東京都豊島区目白3-2-9
発　売　Tel:03-3951-0151　Fax:03-3951-0152
発行人　片岡　輝
印　刷　株式会社　光陽メディア

日本音楽著作権協会（出）許諾第 2006203-001 号

ISBN978-4-906074-03-7

〈叢書　文化の伝承と創造〉刊行に際して

一般財団法人文民教育協会
子どもの文化研究所

人は、誕生から死まで文化に守られて生きる。文化は遠い過去から先人たちが受け継ぎ、時代とともに更新・変化を積み重ねながらいま、私たちの前にある。伝承と創造なくして、生きた文化の存続は有り得ない。伝承と創造のせめぎ合いの過程で、他の領域や異文化と混淆しながら、相互に影響を受け、与え、そのありようを多彩に変化させていく。

この叢書は、子どもに関わる文化を核に据え、生活に根差したあらゆる領域の人間活動を視野に入れて、子どもの成長発達に資する論考・記録・実践・研究・資料・データ・作品などを、子どもの権利と人格を尊重し、ともに生きる幸せを守りつつ、民主主義と平和主義を貫く志を持つ読者に手渡すことを願って刊行する。また、開かれたメディアとして、読者からの企画提案・執筆者紹介などの情報を随時受けつけ、ともに文化の伝承と創造の実現を願うものである。

二〇一六年一〇月